U0141613

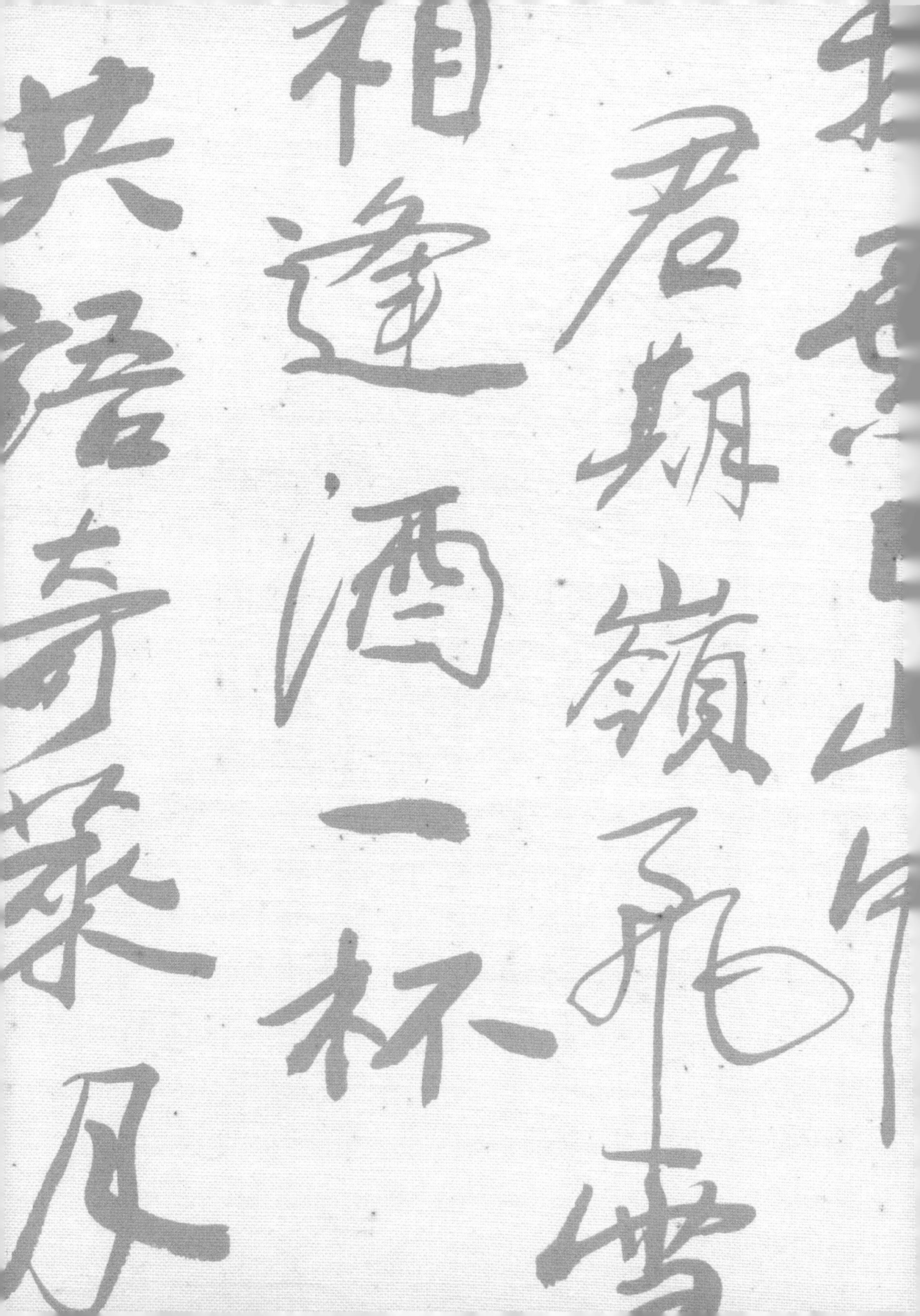
相逢酒一杯

我們相約在詩的風華裡

東石漫士詩集

吳露芳 著

華漾銀川玉水波依雲洗手採
松蘿天池九諾吟仙客雲
嶽歸來夢巨柯

天池有夢索賦

東石漫士 吳靄芳撰書

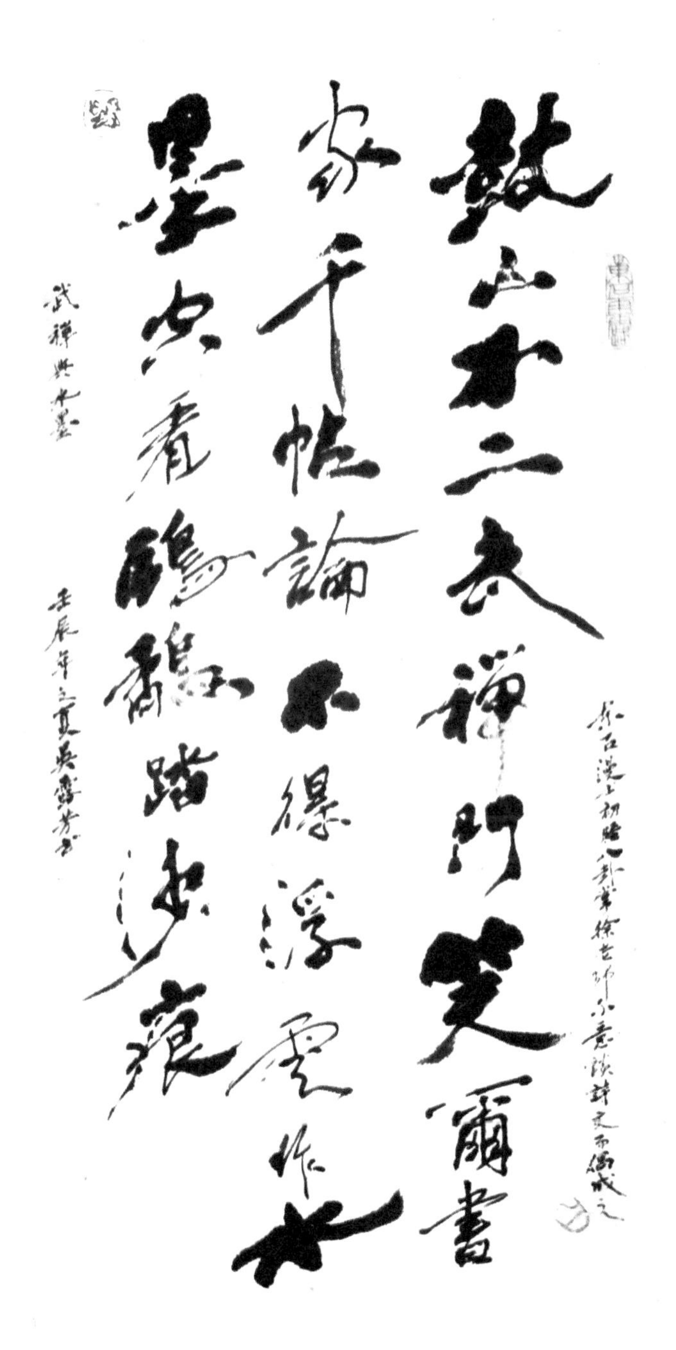

潛排松根鑑湖堂
遠見龜山屹海疆
自昔衍文誰得似
子孫德業賀蘭陽

頌鑑湖堂陳家宣蘭德業
於公元二〇一四、九、十、經史石灣上樓蘭山明池作

歲次甲午秋月于海巖樓右石漢上吳露芳

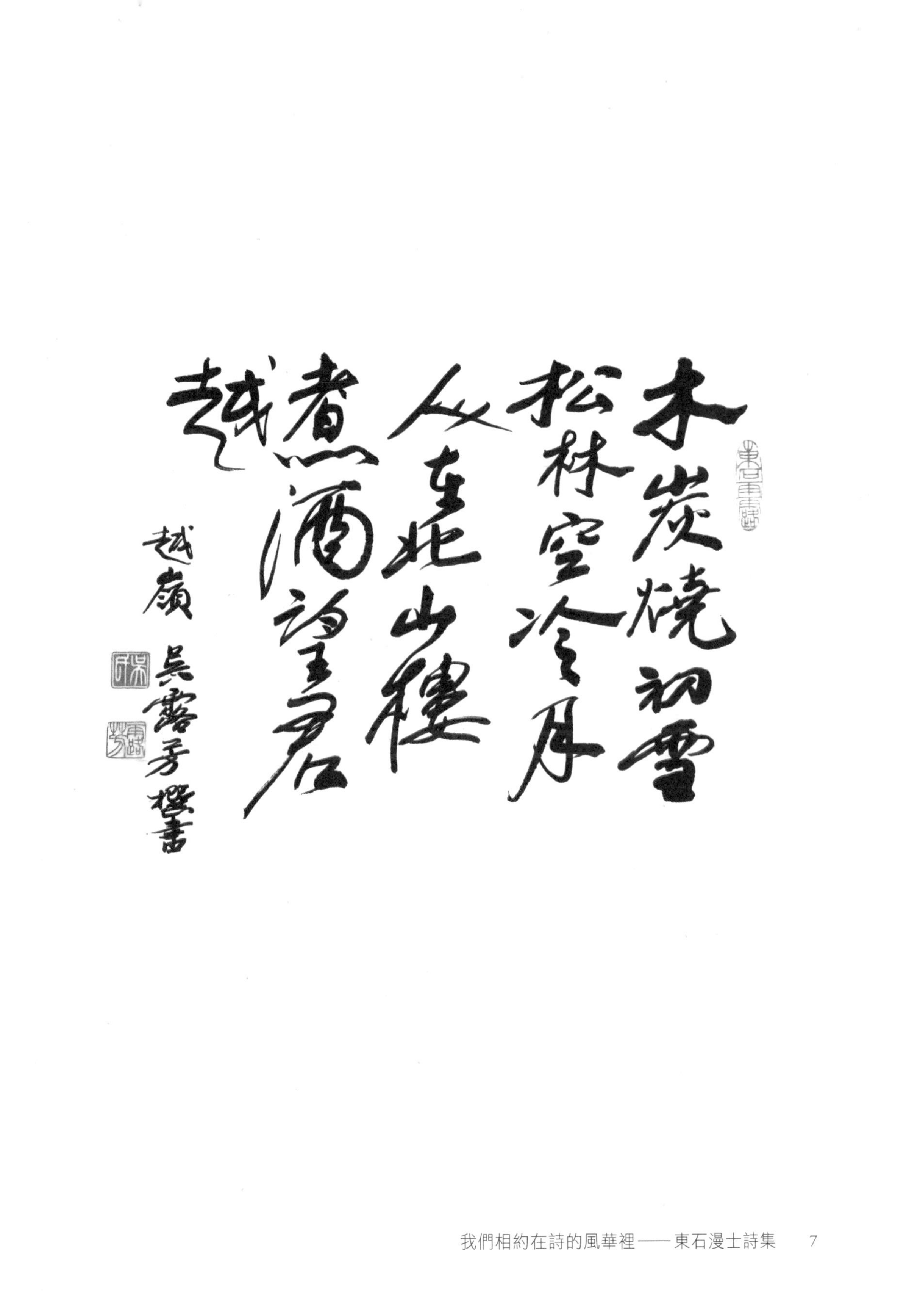

妙雅廈門南樂團遊臺南雅中秋[illegible][illegible]了吟之

鷺河佳節中秋月

五鳳宮前南管台

兩岸鄉音千世魄

悠悠河洛醒心懷

台灣李石溪書 吳麗芳記

公元二0一二．九．卅作秋

石尚天風君抱石，春神秋夢

畫非常，才華灑脫丹文華，

恁奈新思泥屋長

傅抱石百年大展觀後有感

東石漫士 吳露芳撰書

我棄日山中
君期嶺飛雪
相逢酒一杯
共語奇萊月

相遇奇萊山旅次 吳露芳 撰書

寶來名勝妙通寺
廣老無無未去嗟
三月櫻花陣雨樹
新威一貫道中華

遊寶來妙通寺登上新威山頂一貫道場所莅
三月櫻花陣雨樹盛開之寓言

東石漫士吳靈芳撰句

歲次丁酉年(二〇一七)四月於書立夏作於高雄海慧樓

若水何言與日爭
春風長物自然生
今朝接掌耕耘則
光武逍遙業展鵬

今年仲夏漫行經愛河偶占
高雄市若水書會（文化中心至真一館）二〇一四會員
聯展由新任理事長接掌
有感而以此詩撰贈與
蔡光武老師並賀
展出成功
顧問蔡石讀士
中華民國一〇三年九月廿五日

春雨雉影

五峰春雨霏霏下不約獅頭一寺褆豁崖桃林驚雉影霧中錦翼介花泥

菽友見此詩卻謂雲花霏霏之雨，寺褆僧仿雉也 好玩

東石漫士撰書

拈筆禪思遊藝術

詩情畫意寫心靈

林依潄女棠聲樺　春水堂中色種茶　宛說片香千韻笑　蘭亭序墨襯佳娃

緣於民國九十六年十二月二日偕徐祥教授過中正紀念館並訪春水堂承林依樺小姐授詩而賦贈之

有石漫士　吳露芳識之

細草微風岸　危檣獨夜舟　星垂平野闊　月湧大江流　名豈文章著　官應老病休　飄飄何所似　天地一沙鷗

丁亥之冬录唐杜甫句

有石漫士　吳露芳書

愛似風來情若雲
漫然雨物不相聞
只緣從到峽溪處
半是飄飄半錯紛

己卯年除夕前三日觀徐志摩與小曼電視劇有感而口占

東石 吳露芳 撰書

滿山煙雨看山無
帶帶輕煙入茅廬
燃一爐紅暖來客
煮茶相見雨糊塗

桂麗雅囑 錄煙雨客至

東石 吳露芳 撰書

凜冽北風寒漁翁一棹還驚濤

空海域煮酒二孤灣

澎湖列嶼入冬北風強勁時常刮起白濛濛鹹雨 漁夫捕魚也很苦 余有感於此而賦離島漁翁一首以記之

東石

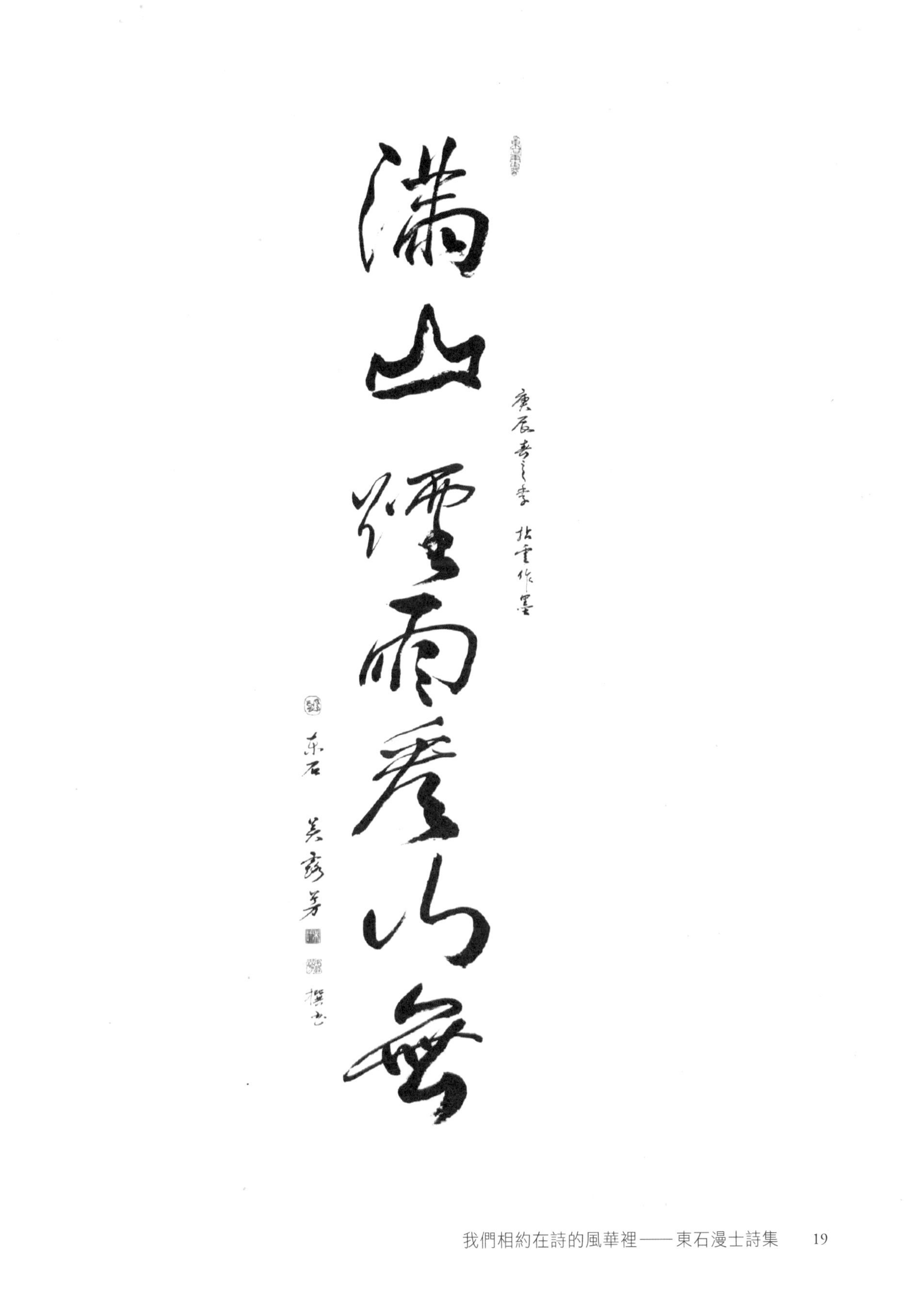

巨石鄉聲如斷雨
蟬衣少女閒詩潮
孤舟獨釣魚龍界
日鷲遨翔碧海天

西子灣詩聞
壽峰吟士 吳露芳 撰并書

雲山夕氣幻奇曛
嶺果新紅透嶺雲
六十耕耘古潭畔
老農漸歲一柴門

詠老農
壽峰吟士 吳露芳撰書

大鵬灣也瀉湖遊閒合吊橋通海舟天地
詩人蘋蘩燕飛來萬里雲俄州

遊大鵬灣 見西伯利亞候鳥飛臨燕鷗覓食而引發之 公元二〇一四．四．十四 東石漫士詩并書

佛頂看招來四顧一吟一相一茶同
吉臨攜劍獨無式龍谷辣椒浣墨香

公元二〇一一年十二月十二日遊佛頂山清泉寺得 東石漫士撰

獅頭山上金剛寺 日振妙禪創見題

解脫門前一彈指 巖石傳經救苦迷

乙亥年七月廿六日午睡遂入夢獅頭山金剛寺見宗師上一彈指

東石道士吳露芳撰書

十年不見老袈裟
一日重逢半日茶
昨夜出門了無夢
深山多聯白桐花

這是一道五拾年來從未寄出至獅頭山金剛寺拜呈妙禪宗師蓮座前吟哦

哂納是禱

至於詩中以建安德之爲倚借
漢末建安七子，如孔融、陳琳
等人之詩文風格，志深而
筆長，梗概而多氣，
在此引喻李大師之才德風
骨也

霽芳 補字

公元二〇〇二．八．廿六

咏李奇茂画風

壽峰吟士 露芳 吳黑 撰

壬午年臘月寫於高雄東石軒

附記：李大師作品在高雄展出余

觀賞後遂賦此詩 並擱錄

舊作書之贈予

賈又福先生 高祈

釋語：如小輩、小徒之類也。「天勤」係
指日日勤奮。「天學生」謂向天地學習
之意思。「蛻潛龍」蟄無進化成龍。
吾之造之語係應用吾土吾民：吾之所師
吾之所[illegible]以表現先生對大地之愛以崇師敬
天之識……「山山雨」乃形容山之相拱而成嵩嶽、
一則指群山之密、二則寫太行山岩嵂
之險絕矣。得以導出先生之所謂「吾寫
心中山水。山色容水、水蘊含山。日月之行
其中、陰陽互生其裡、精神凝之於內。是
謂得道者也」。然後移引出磅礡雲峰
太宇風情之意境來也。並欲表現畫太行山
之風雲詭譎、巖峻嵩峰、點綴人群、
之奇趣、深具「澄大懷而觀大道」之氣
勢與靈性。可感其創力充塞宇內矣。
實令人讚嘆！
夜深矣！高雄壽山之殘月漸露出雲
端　匆此擱筆　順祝
藝祺
弟　霽芳　[illegible]
公元二〇〇二、八廿！

詠賈文福先生創格畫風之心路

壽峰吟士 露芳 吳黑 撰書

壬午年瓜月書於高雄東石軒

後語：此詩緣起承劉文隆君贈「賈文福畫集」乙冊，展閱時驚見山水畫之氣勢，畫風之超脫，出於世人之所允也。經常覽歷，有時興發而成此詩耳。茲逢劉君近日將由台灣赴北京，建議將余拙作轉呈于先生。隨以紙直書於上，勿見笑，尚祈吶吶並惠予指正是禱。

茲聊作詩註如下：「小子」一語係援用先生自謔為「呆痴者」焉，蓋古人應用於謙

上圖：乾隆御書賜「三讓高踪」扁額，吳氏開姓始祖泰伯公，遠祖為堯舜時代后稷，屬黃帝後裔，姬姓，因「三讓王位」並開發江南，成就周天下和吳國，為後世敬仰。清乾隆高宗十六年二月，南巡蘇洲泰伯廟時，下祭文致祭，御書賜「三讓高踪」。

下圖：攝於福建泉洲東觀西台「吳氏大宗祠」

1956 年 10 月 7 日劉啟祥老師美術研究所開班典禮記念照。
（作者：位於最後一排右數第六位）

「二〇一一年高雄市若水書會 100 年展」作者與其書法、夫人（右圖）、書畫家好友洪條根（左圖）合影。

作者近照。

目錄 CONTENTS

素描詩、詩素描，詩海一葦─
吳露芳詩的世界

欣聞吳露芳老師將多年來的古典詩創作，即將編輯成詩集付梓出版，正修科大藝文處以無比欣喜的心情，同享此一豐盛的文化饗宴。吳露芳老師出身於詩詞世家，是一位謙謙君子，溫良恭儉，一生為中華古典詩詞文化的推動不遺餘力，活躍於海峽兩岸古典詩界並倍受敬重。

吳露芳老師是古典詩界的老前輩，亦是正修科大藝文處的良師益友，藝文處成立迄今二十年，幾乎每一檔展覽都留下了吳露芳老師仔細端詳畫作的專注神情，以及碩多為藝術家的展覽所吟誦的絕妙好詩，字字珠璣，句句合扣，首首雋永，每每重讀，老師的風采躍然紙上，見證了吳露芳老師的詩詞文采以及與正修科大藝文處相知的 20 年情誼。

正修科大藝文處為分享吳露芳老師為藝術家的展覽，以及因旅行采風、詩友情誼有感所創作的古典詩，在藝文處的網頁上特別開闢了吳露芳老師的古典詩專區「台灣吳露芳─

詩的世界」，專區中目前置入了約二百二十餘首古典詩佳作，以饗海內外詩友們共同采賞，展現了老師開闊且無私的胸襟；專區中吳露芳老師「素描詩、詩素描━詩海一葦」的詩作集錦與同名的專題演說及現場漢音吟唱，流露出文人的豪邁與瀟灑，令人激賞。

時光荏苒，匆匆二十年光景，但如今回首翹望，唯有真誠無私的耕耘和付出，方能結出纍纍果實，吳露芳老師真切的為台灣這塊土地留存了龐大且寶貴的文化資產；詩集的出版更擴大了讀者閱讀的效益與影響，感念吳露芳老師為古典詩文化所付出的一切心力，正修科大藝文處給予最大的祝福與肯定！

正修科技大學藝文處處長

吳守哲

生活同史詩般，如拾貝而珍藏

余自幼年人生的開端，是集結著父母親的寵愛與殷切期盼，養育著這家中最小的孩子。猶記 5 歲時父親一邊行醫看病，閒暇之餘教習漢文、揮筆墨、朗朗背誦古典詩，餘光裡盡是為父的欣慰眼神。

但令人感慨的是余九歲那年，父親因醫療疏失放下母親與五個孩子撒手離去。當時人民生活條件相較困苦，吾父為人善好施常允病人賒欠，直至過世家中仍留著醫藥費未收帳本，隨著他的驟逝也靜默地橫納於櫃中再無更動。

失怙後家中經濟拮据，但文學藝術在生命中已扎了根，因緣際會下，余跟隨西洋繪畫大師劉啟祥老師學習西方繪畫，忝為老師厚愛，認為余具天分，或可在畫界上嶄露頭角，但母親秉持家道風骨不賒欠學費下、黯然離開畫室。日後礙於生計也畫過電影看板，在一次颱風淹水泡爛所有畫作後，便全然放開對繪畫藝術的念想。

時光輾轉，兒時父親聲影愈發清晰，一脈相傳的文人儒仕使命，催促著我拾起墨筆專心究研詩詞與書法。先以新詩為抒發心情為始，四十來歲初試啼聲，余以路方為筆名在聯合報新詩獲選刊載。其後在古典詩中感受到更深的意境，持續創作。在正修技術學院藝文處長吳守哲先生的承領、展演組蔡獻友組長、林英純小姐的協助下讓我能實現對古典詩詞藝術的使命與信念。

有幸能認識許多古典詩的同好，在「壽峰詩社」交流情感與創作。與致力於推展古典詩的好友們，創辦了高雄友聯詩會、若水書會。期間，也曾受邀到中國，進行古典詩的切磋，榮獲了一些獎項。余之著作亦被發表於海峽兩岸的詩刊中。

走過，總想為傳統文化續存其命。埋首在古典詩裡，數十載的老友、風景、故人、事態，一一集結，成就了《我們相約在詩的風華裡》一書。

並承蒙各界愛好藝文詩詞的同好們能不吝賜教。

吳露芳

壹

祖德流光——翰墨世家

曾祖父——吳踏

吳踏——由村民推戴的任第一屆東石區長，卸任後由其子吳﨑繼任

觀海堂吳﨑——東石文柱

吳﨑（西元一八七〇年～一九三四年），字汝純，諱錫禧，為吳踏之子，東石鄉唯一秀才，日據時代曾暗中開設「觀海堂」教授漢文，這對東石文風鼎盛、人才輩出，有著舉足輕重的功勞。生前更以中醫懸壺濟世，廣受村民愛戴並與父親吳踏同樣備受尊崇。加上為人守信豪爽，逐漸將父親的貿易行由一艘帆船擴展成十五艘，使得這家「源發號」聲名遠播成為中國沿海皆知的頂尖行郊。也因為長年經商，為人樂善好施、海派豪爽的作風，在日據時代就被推舉為第一屆東石區區長轄管港墘、鹿草、義竹、布袋、六腳、牛挑彎、新塭等地，相當於今日的政務官「縣長」之職務。

方正仁心——父祖懸壺濟世

因廢除科舉，吳嘏積鬱成疾（胃出血），故延請施厝寮施大夫來包醫，臥病期間仍然手不離卷，施大夫讚賞之餘，惺惺相惜，遂傳授醫術給他。

一九〇〇年吳嘏創立唯一的事業「仁壽堂」，起初創業惟艱，他以義診的方式培養信心，並以慈悲好生的熱情來行醫，就診病患與日俱增，連外地人都爭相聘請，常一出診數日不歸，不分晝夜。大正六年父親吳踏辭掉東石區長職務後，由吳嘏繼任。虎父無犬子，大正七年，亦獲得日本天皇授與授佩紳章。

膺簡命行健濟慈航——先天宮的建造

先天宮的改建過程中，舉凡籌備設計、募款、發包營建、監督驗收、完工祭醮等工作都由吳嘏領導完成。廟裡的門聯、壁柱聯、牌匾的編寫也都是吳嘏親身傑作。所以全鄉人都認為先天宮的改建，「踏出錢嘏出力」，吳家父子是第一功臣。

（資料來源參考——嘉義東石鄉公所）

世代鄉紳祖承父繼

先天宮楹聯

才華洋溢的吳蝦，是東石鄉唯一的秀才，也是東石謎會[1]的創始人。先天宮歷史悠久，當中有許多美妙的事物鮮為人知，其廟中的楹聯、門聯、壁柱聯、牌匾的題字編寫舉凡改建過程中設計、幕款、發包營建、監督驗收、完工祭醮等工作都是由吳蝦領導完成。

祖父——吳蝦

東石鄉唯一秀才，「謎會」的創始人。

先賢有遠模，孝先超百行，
先飭紀，先立綱，導眾生摳趨義路
天道無私報，順天理萬幾，
天除邪，天秉正，願黎庶德種心田

民國七年歲次戊午季春上浣
紳章付與東石港區長　吳蝦　敬撰并書

先登道岸大道無疆贊世道而膺福
天降生民保生有術裨蒼生以蘊隆

康熙六十年辛丑孟陬建福隆宮始奉保生大帝神威鎮境迄光緒四年戊寅年修繕換名先天溯源撰語以鐫紀念
光緒四年歲次丁未仲春中浣
紳章付與東石港區長　吳踏　敬書

先正其心願羣黎正心登袵席

天行曰健膺簡命行健濟慈航

吳蝦　敬撰并書

先建東瀛顯英靈以安東石

天開南極昭聖蹟而仰南鯤

吳蝦　敬撰并書

先誠其意達冥來格享

天降厥祥全境慶平安

吳蝦　敬撰并書

1｜百年謎會

早年商務繁集、文風鼎盛的嘉義東石，有一項頗具意義的民俗活動，每年在先天宮進行的「猜謎會」。這項活動從古至今已經進行了一百年左右，據傳是由東石唯一秀才－吳蝦發起的，在每年農曆元月十五、十六、十七三天由地方文人提供謎題。這項活動在先天宮的香客大樓舉行，每年都吸引了許多愛好謎猜的文人雅士或民眾前來參加，常常將大樓擠的水洩不通，民眾萬頭鑽動，十分熱鬧。

由於台上與台下的互動極為有趣，再加上猜中的成就感，使得每一個人為了能有好成績自然會勤奮讀書，因此在潛移默化中，學問大大的增加，這也是當時令人意想不到的美況。

——赫聲濯霧——先天宮牌匾　吳蝦題字。

先知未來難淆其邪正

天覆地載合漠乎清寧

吳嘏　敬撰并書

靈昭猴樹恩波遠

源紹鯤身祀典崇

甲寅年季秋月　悉疇堂室同銘

詠緬先人

答東石港代天府之舊廟主任委員吳文遠先生，查考先祖父吳瑕所立碑文，室冋銘之冋乃坰之古字者，其與崇祀神明具足真趣因而引吟之。

先天宮佑恩波遠　三百年來崇聖靈
吳瑕秀才東石勒　悉疇堂署室冋銘

二〇一一年歲次庚寅十二月十六日於高雄海慧樓　東石漫士　吳露芳引吟之

註

悉力勤耕疇，居室觀坰林之義也。
解字「冋」乃坰之古字，漢音：古螢切，其指林之外謂之坰也。

觀海堂文稿失落記——述祖父吳汝純之孫遠徙

東石鷺鷗翔海日　堂中鑲貝八觀櫥
秀才死後書成蠹　白雪文章化火爐

1. 書蠹ㄉㄨˋ：書蟲又稱蠹魚、蠹蟲、衣魚
2. 八觀櫥：指木櫥上玻璃所反照八方景物。

東石鄉老采語——記余祖父行誼鄉人追敘蒐存

吳瑕仁風遍里家

懸壺濟世賑貧瘕

文章時譽滄波語

行止如堤坐浪花

二〇〇七年十一月十七日　東石漫士　吳露芳　撰

詠先父翼州遺緒

字愛蒼奇石鼓風

詩吟孤鶩萬波中

干戈化解同醫理

方正仁心比竹空

註

記其一生孝親、行醫行義、文人風範能詩書墨，並排解東石漁民蚵寮區域之紛爭謂為佳話。

貳

浮生藝海夢成詩，格律古文賦新詞

——緣薈詩社

與高雄正修科技大學藝術中心詩緣

詩人世家吳露芳老師，民國二十六年出生於台灣嘉義縣東石村，祖父吳鍜，字汝純，係前清秀才、名醫，亦為東石港區長、其德望更為世所尊崇。父吳翼州國學、醫術頗負盛名，其孝道及對地方貢獻著稱鄉里。吳露芳老師自幼即受家學薰陶，愛好寫詩及繪畫。民國四十八年創辦「友聯畫會」，民國五十二年八月，策展當代歐洲名畫家的作品來台展出。曾任高雄市壽峰詩社暨詩人協會常務理事，八方藝術學會、高雄市若水書會和中華文化生活學會古典詩顧問等職。近年來退休，喜作「漫士無約游」，好以唐調吟詩，或以新調唱詞，並且努力探討傳統古典詩詞，結合現代生活內涵為寫作導向，期以格律古文創新詩作，作品呈現一番新氣象。

吳露芳老師是古典詩界的老前輩，他的絕妙好詩，前後約220首，以下就本篇章，在各詩社酌其一二與照片代表：

緣於2000年吳露芳老師參與正修藝術中心首展「羅清雲繪畫特展」現場於空中花園吟詩暢談，並於2000/12/15針對畫展寫下〈觀羅清雲畫展更懷思摯友而作〉。

爾後，正修藝術中心聘請吳露芳老師蒞校演講，藝術講座：「素描詩、詩素描－詩海一葦」，於2001/6/13藝術講座後，正修藝術中心吳守哲主任，蔡獻友組長認為將老師的古典詩作十分難得，開啟了將吳老師詩作放於網路上推廣的想法。

此後，吳露芳老師經常蒞校演講、參觀各項展覽隨作詩文，如

正修藝文處網站 https://art.csu.edu.tw/activity/poetry.htm

「寒蟬詩想——詩詞賞析」藝術講座

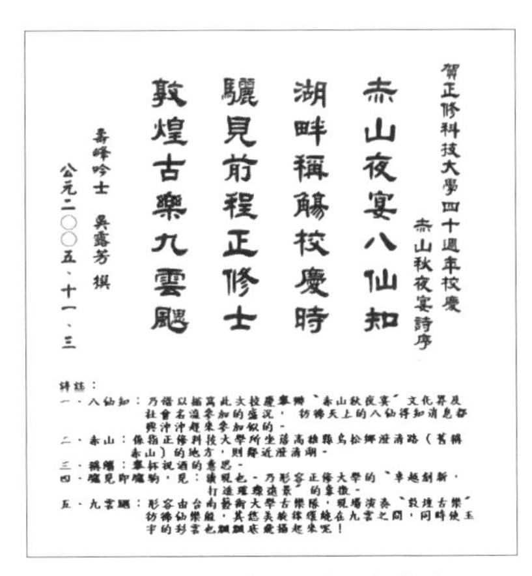

賀正修科技大學四十週年校慶
赤山秋夜宴詩序

赤山夜宴八仙知
湖畔稱觴校慶時
驪見前程正修士
敦煌古樂九雲飄

壽峰吟士 吳露芳 撰
公元二〇〇五、十一、三

詩註：
一、八仙知：乃借以描寫此次校慶舉辦〝赤山秋夜宴〞文化界及社會名流參加的盛況，彷彿天上的八仙得知消息都興沖沖趕來參加似的。
二、赤山：係指正修科技大學所坐落高雄縣鳥松鄉澄清路（舊稱赤山）的地方，則鄰近澄清湖。
三、稱觴：舉杯祝酒的意思。
四、驪見即驪駒，見：讀現也。乃形容正修大學的〝卓越創新，打造璀璨遠景〞的象徵。
五、九雲飄：形容由台南藝術大學古樂隊，現場演奏〝敦煌古樂〞彷彿仙樂般，其悠美旋律環繞在九雲之間，同時使玉宇的彩雲也飄飄底飛揚起來呢！

詩 ・ 賀正修科技大學四十週年校慶

藝術講座：「寒蟬詩想——詩詞賞析」（2001/11/7）、「詩詞賞析～月破萬惺忪」（2002/12/11）；「從飲食中去發掘詩的意境」（2005/12/27）；參觀莊世和八十回顧展（2002/6/10）等等均有佳作。

自此，正修藝術中心開始將老師之詩作，放上該展覽的線上展覽網頁。並於2003/8/21建構「台灣吳露芳詩的世界」，陸續於網站上建構189頁詩文，期中參與藝文處舉辦之展覽及表演活動後所撰寫之詩文目前共計83篇。以下為賀正修科技大學週年校慶之詩選二首。

賀正修科技大學四十週年校慶——赤山秋夜宴詩序

赤山夜宴八仙知

湖畔稱觴校慶時

驪見前程正修士

敦煌古樂九雲颸

二〇〇五年十一月三日　壽峰吟士　吳露芳　敬撰

1. 赤山：正修科技大學所座落高雄市鳥松區澄清路（舊稱赤山）的地方，鄰近澄清湖。
2. 稱觴：舉杯祝酒的意思。
3. 驪見：即驪駒。見：讀現也。乃形容正修大學「卓越創新，打造璀璨遠景」的象徵。
4. 九雲颸：形容由台南藝術大學古樂隊，現場演奏敦煌古樂彷彿仙樂般，其優美旋律環繞在九雲之間，同時使玉宇的彩雲也飄飄底飛揚起來。
5. 敦煌古樂：係由台南藝術大學古樂隊現場演出。

賀正修科技大學五十週年校慶——劉國松水墨典藏展詩序

國松水墨巨靈然　今天現代又今天

正修五十校慶展　羅漪藝文映彤天

—歌體

二〇一五年十月二十日　東石漫士　吳露芳

1.「國松水墨巨靈然」一句：詩之開端乃引用此次典藏展，專題講座：「水墨巨靈／劉國松／主講：蕭瓊瑞」之提引也。

2.「今天現代又今天」一句：共含義藝術創作之起心動念，在現代生活中，更要把握「今天」，又得把握「當下」的意思。

3.「正修五十校慶展」、「羅漪藝文映彤天」兩句：詩特以五十年來從正修工專一直到正修科技大學之成長沿革，這樣全國教育界與社會譽評卓越之外，尤其正修藝文處的各項藝文與社會接軌！活動效績是有目共睹喝采的！故詩則以正修科大藝文處位於高雄市澄清湖之近鄰。「羅漪」係指藝文處歷年來宛若「羅集澄湖美麗的漣漪」來策展一切活動般。「映彤天」・彤ㄊㄨㄥˊ一指天上「彤雲」（彩雲）：「彤管」（畫筆）的意思，即引喻藝文創作之美又形容澄清湖映照著彩霞的意境。

擔任中華文化生活學會
古典詩顧問時期精彩詩作

中台禪寺文化藝術參學交流
台南縣中華文化考察旅遊古都孔廟文化之旅

全台首學見拳蹤　棍打蒼蠅在泮宮
松下聞鶯如子曰　君來孔廟養仁風
安平古堡逐荷踪　赤崁樓瞻一代雄
東海流霞釀志節　文濤鳶筆鄭成功

美濃客家文化考察旅遊

耕讀民亨翠嶺崇　息塵古剎蝶溪蹤
美濃紙傘菸樓事　永式客家傳統風
彬彬學士賞菸樓　風鼓擂茶文化遊
樂活求仁孔子訝　牛車體驗禮迂疇

台灣中華文化生態博物館全球教育&資訊網

Eco-Museum of Chinese Cultural Life Taiwan (CSKTW)

詩人吳露芳創作集

詩人吳露芳的創作集 - 古典詩

以詩言志、抒情感懷，在詩歌的國度裡翱翔，是一種精神上的豐收，也能對這種藝術的文學體式有更深刻的理解與詮釋。詩歌的天地是廣闊無際的，古來文人騷客以詩會友、藉詩寄情、遣詩傳意，在精短簡妙字句的 排列組合之下，既能抒情寫意，還能描繪山川風光、針砭當局時政，透過詩詞所形塑出的文字意境，也讓後人了解人文與文學之精妙。因此，文建會(文化部前身)著手推動「大家來讀古典詩」活動，以最廣為人知的《唐 詩三百首》及國立台灣文學館出版的《全臺詩》為出發，從唐詩三百首及全臺詩出發。

文建會之所以挑選《唐詩三百首》為推廣全民讀古典詩的出發點，在於《唐詩三百首》是最家喻戶曉的唐詩選本，同時也是古典詩歌最好的入門書籍。唐詩展現了詩歌藝術發展的巔峰，其詩風與題材表現 也十分多元，整個唐代社會，上至帝王將相，下至布衣童子，皆沉浸 於寫詩和誦詩的風氣中，讓唐朝成為詩的代表朝代，後代文人也都以 唐詩為學習臨摹對象。而所謂「熟讀唐詩三百首，不會作詩也能吟」，正點現了《唐詩三百首》的淺近通俗與廣受喜愛的特性。

本會顧問、詩人世家吳露芳老師，民國二十六年出生於台灣嘉義縣東石村，祖父吳銀，字汝純，係前清秀才、名醫，亦為東石港區長，其德望更為世所尊崇。父吳冀州國學醫術頗負盛名，其孝道及對地方貢獻著稱鄉里。吳露芳老師自幼即受家學薰陶，愛好寫詩及繪畫。民國四十八年創辦「友聯畫會」，民國五十二年八月，策展當代歐洲名畫家的作品來台展出。現任高雄市壽峰詩社暨詩人協會常務理事，八方藝術學會、若水書會和中華文化生活學會顧問等職。近年來退休，喜作"漫士無的游"，好以唐調吟詩，或以新腔吟詞，並且努力探討傳統古典詩詞，結合現代生活內涵做導向來寫作，期使格律古文學藝術，呈現一番新氣象。

中華文化生態博物館全球教育 & 資訊網

中華文化正春書院

席上有詩人

溪山何日夢秋金　尋覓楓林淺且深
墨竹屏風寒雨後　八真館上坐詩人

而今懷舊

幼時牆角石榴紅　古井相看你我容
淡泊人情半生味　苦瓜更愛入蒸籠

春日南灣即事

正月農莊好事留　叮嚀家小爌窯頭
南灣漁叟攜春酒　海悅長風送客舟

中台禪寺
導師上惟下覺大和尚 淨正
謁中台禪寺觀止引歌
奇花怡笑詠花還惟覺禪聽濁水间
四大天王金殿矗中台觀止萬雲山
中華文化生活學會正春書院理事長池學文 敬贈
東石漫士吳露芳 敬撰 顧問何陵凱 敬書

正春書院贈中台禪寺惟覺大師書法

東石漫士 ——吳露芳敬撰

在高雄市若水書會、八方藝術學會擔任顧問期間，參與多項詩文藝術活動

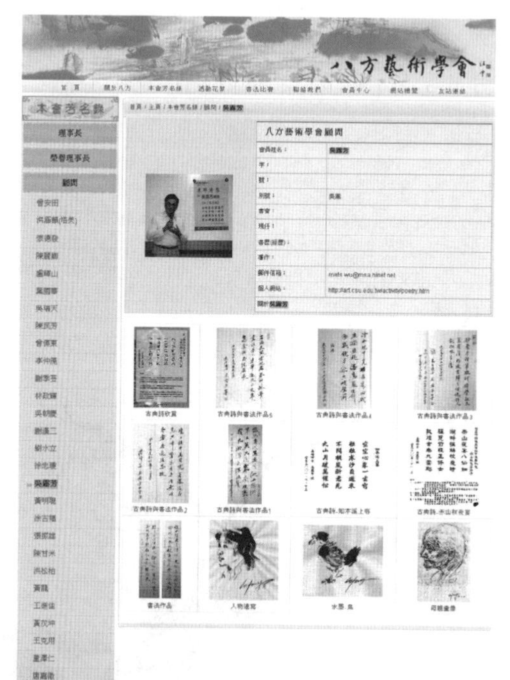

八方藝術學會顧問

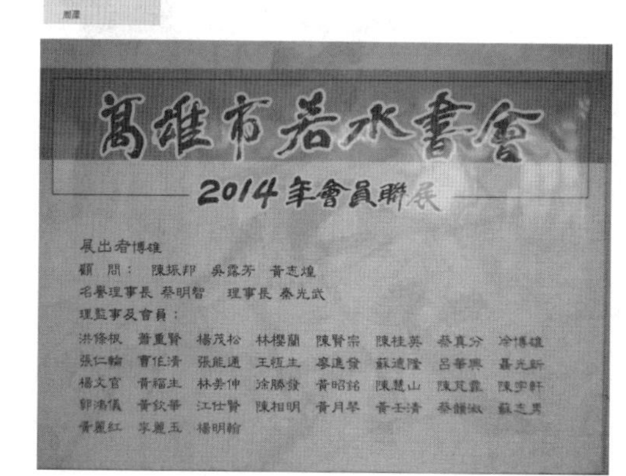

高雄市若水書會

高雄市若水書會展

高雄市若水書會展會後茶敘

以下兩首詩收藏於四川省江油市青蓮鎮天寶山李白詩人的故鄉紀念館——那是為紀念偉大詩人李白(公元701-762)的1300周年誕辰而建立的。

過太白碑林

我過毓秀是江油
蜀道詩仙老外留
李白不知千載後
碑林掛月讀風流

1. 詩的第一句，是說我遊歷走過來到江油市，此地乃鍾靈毓秀之傑地， 誠如：「巴蜀從來多俊傑，江油自古潤英才 。」
2. 第二句細描寫李白二十四歲，「仗劍出蜀，辭親遠遊」志在四方為濟蒼生，「安社稷」遠大抱負，卻一去不曾歸來兮……一直在外奔波六十二歲，死於安徽當涂縣 。
3. 第三句則反筆倒述「李白不知千載後」，江油市為紀念這位曠世偉大詩人（李白公元701-762）的1300週年誕辰在李白故里青蓮鎮天寶山建立宏偉的「太白碑林」於公元2001年9月落成供人參觀。
4. 第四句是形容後人尤其在月光照映碑林中讀到那首〈靜夜思〉：「……舉頭望明月，低頭思故鄉。」莫不引起千古浩嘆！更感受到這位「詩仙」的浪漫風流與奇逸文彩。

瞻仰江油李白石像作

蜀道嗟難比更艱
舉杯邀月影蹁躚
風流倜儻文章逸
惟見長江夢謫仙

註

第四句乃形容長江三峽，好似日夜不斷地盼望著曾經寫下《下江陵》、《送孟浩然之廣陵》經典名詩的李白能返回巴蜀江油市青蓮鎮故里一般。

四川江油市李白紀念館中的「太白堂」李白像

海峽兩岸新藝新生

此展由中華文化聯誼會、浙江省文化藝術交流促進會、臺灣大學院校藝文中心協會主辦。大陸中國美術學院、臺灣正修科技大學、中山大學、屏東大學、中興大學、交通大學、臺灣劍潭青年會館聯合承辦的「新藝新聲」——兩岸青年視覺藝術交流展，作者與會蒞臨開幕嘉賓。

海峽兩岸新藝新生照片。上圖：作者與會蒞臨開幕嘉賓（左數第九位）。

賀 二〇一六年「新藝新聲」兩岸青年視覺藝術交流展之序

文化台灣浙江節
新藝新聲若潮烟
青年兩岸正修策
視覺交流鴻漸天

二〇一六年九月廿三日　東石漫士　吳黑　敬撰

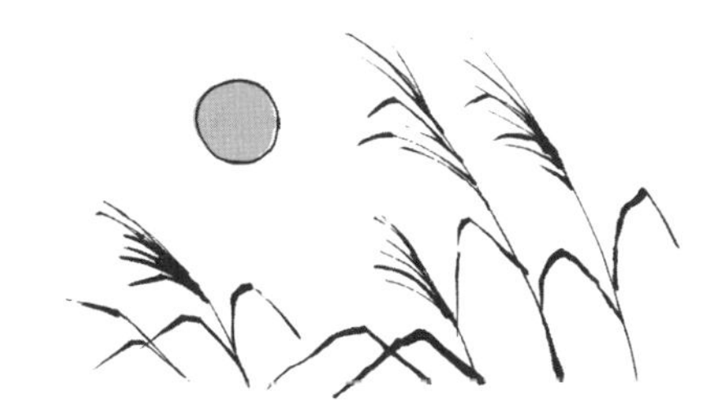

大陸菁英詩集大賞出版

第二、三屆菁英盃全球華人詩文詩畫藝術大賽，作者榮獲金獎，會中將海內外精華作品集結成冊，作者詩作選錄其中。

《精英集粹·颂中华》

第二、三届“精英杯”全球华人诗文书画艺术大赛金榜集

吴暇仁风遍里家，悬壶济世赈贫瘕。
文章时誉沧波语，行止如堤坐浪花。

徐志摩的一生

浪漫才华一世奇，想飞蝶梦九天驰。
多情文笔杜鹃血，也索人魂也索诗。

咏《衣·不蔽体》专题策展之诗萃

衣不蔽体云衣天，嗟吁日月兮物嫣。
若以男女风色故，异乎形质也花闲。

【后语】一、主办单位：正修科技大学艺术中心。二、此专题策展人钱筱蓉以(1)「衣_创作，(2)造型彩妆肢体走秀等两大部份作为展览内容，并配合黄启方：「伪装、伪妆_的专题讲座等为轴线展出。查其主要展演人员组合：(1)参展艺术家15位(组)，(2)指导老师2位，(3)走秀学生16位等展出阵容。三、关于彩妆走秀系由正修科技大学艺术中心挑选16位年青活泼男女学生经过八周彩妆肢体语言训练，使得此次演出充满了”既青涩又骇出青春魅力”的精彩演出呢！(※以上专题策展详请见正修艺术中心网站 http://art.csu.edu.tw)

四川大地震世纪浩劫
广大救难赈灾重建与希望蝴蝶颂

四川巨震汶川传，满目疮痍千县连
盘古恸悲天府劫，蝶飞生死废墟边

【后语】四川大地震发生于公元2008年5月12日下午2:28时，震央位于汶川县断层，其强烈高达芮氏8级(威力相当于500颗原子弹)，除四川省主灾区最惨重之外，还包括甘肃、陕西、河南等八个省市。依据中国政府公布伤亡人数：死亡69,207人，受伤374,216人，失踪18,194人，受灾4,624万人之多。(录自网页消息)。

【诗注】本诗吟赋虽以“七绝格律”为之。但是格外地特以川、传、千、连、天、边等字(一先韵)在词与韵中贯穿运用方式，乃隐喻着救难人员排除万难救灾精神的写照呢！同时以“七绝古典诗”一首的“最小文裁作极大情境的描述”之试作。

一、「天府_：四川省位于长江上游，因境内有岷、泸、雒，巴四大河川而得名也，又因形胜富饶之区，古称誉为”天府之国”。更还有峨嵋山，九寨沟，黄龙，都江堰，卧龙猫熊，广汉三星堆，三国史庙，李白故居，杜甫草堂等等…世界级古迹名胜。二、「盘古_：传说为天地万物的始祖。三、「蝶飞_、「生死_、「废墟_：本诗以特殊手法以”蝶飞”来作「超现实_象征那行动迅速，技术精湛而穿著红色制服彩衣的救难人员，并且还代表着灾区克服重重危险困阻的救援、医护、赈灾的广大动员(包括中外及台湾两岸)的大爱精神感人表现，进而形容灾后重建的希望与力量的印象呢！另则「蝶飞生死_系形容救难人员从灾区废墟中营救生还者，二则挖掘出罹难者使得能够羽化成蝶而升天的双重含义，并深植大难中或生或死的极大际遇的诠释矣。

礼拜 释圣严法师之寂灭为乐颂

慈悲法鼓醒台湾，一代高僧六道安。
就佛虚空尔圆寂，圣严遗爱在人间。

后语：法鼓山创办人圣严法师于二月三日在金山法鼓山圆寂，享寿八十岁。圣严法师1930诞生于江苏，名「保康_，十三岁出家，也是首位博士高僧，并到世界各地致力宣扬佛法，1998年被天下杂志誉为「四百年来对台湾最具影响力的人士_之一。

马英九先生悼念说：「很感谢师父给予台湾社会正面影响_，行政院长刘兆玄表示：「圣严法师丨生具体实践《为别人放下自己》，他的肉体虽已圆寂，但风范与志业均长留世人心中，不仅越来越多国人认同、追随，甚至超越国界、种族、宗教的藩篱。_

至于圣严法师最特别九点遗言中：「不发讣闻、不传供、不筑墓、不建塔、不立碑、不竖像、不捡坚固子(舍利子)_。并叮嘱弟子，身后乃庄严佛事，不可办成丧事，简约挂一幅《寂灭为乐》的匾额即可。

最后圣严提到「无事忙中老，空里有哭笑，本来没有我，生死皆可抛_，「虚空有尽，我愿无穷_为其传奇一生留下最好的注解。(以上系节录中国时报参注之)

【诗注】一、「一代高僧六道安_：诗系指圣严法师创设法鼓山和佛教文化生活营以「提升人的品质，建设人间净土_，并发起「新时代心六伦_、「好愿在人间–许好愿、做好事、转好运_等等运动来弘法教化众生”向上提升”，避免”向下沉沦”在六道轮回之苦的意思。二、「就佛虚空尔圆寂_：乃形容圣严法师「为别人放下自己_来渡众生，使别人和自己的慧命灵性都能够上就到佛的果地，诚如圣严法师自己说「寂灭为乐_矣！犹可谓”功德无量 ”也。并吩咐其身后骨灰磨成粉植葬在金山环保生命园区，回归尘土的不执着与广大不二的佛性耶。

吴露芳

公元一九三七年出生于台湾嘉义县东石村。祖父吴蝦，字汝纯，系前清秀才，(为光绪庚寅恩科状元吴鲁之族弟)，乃是一位名诗人、名医、东石港区长，其德望为世所尊崇。父吴溪澌、字翼州，国学医术颇负声名，其孝道及对地方贡献著称乡闾。余幼即受家学薰陶爱好写诗及绘画，并于一九五九年创办友联画会，及其后走进国际性的现代联合画会，屡次于高雄台湾新闻报画廊，及台北历史博物馆画廊展出，另外，并参加国际展。一九六三年八月策展欧洲当代名画家的作品首次来台展出的盛举。曾任艺术交流顾问，名誉会长。现任高雄市寿峰诗社暨诗人协会理事、常务理事，八方艺术学会顾问。近年退休后喜作"漫士无约游"，好以唐调吟诗，或以新调唱词，并且努力探讨传统古典诗词引用新辞乐与现代生活内涵做导向来写作，期使这世界上最特殊格律古文学艺术呈现出新生面的另一番朝气来。目前，高雄正修科技大学艺术中心以"吴露芳诗的世界"在国际网站上设立专属网页来推荐介绍，其网址：http://art.csu.edu.tw

日月潭曙雾道上

湖边拂雾遇相问，何处钟声破晓闻。
初醒扁舟人未渡，已听落叶叫潭云。

南横纪行

——哑口系台湾南横公路最高岭口名，经常风云霜雪遽变。(现又作垭口，但自古当地人叫哑口)

雾鹿川崖万古淙，千岚哑口吼山风。
老松独舞云成鹤，雨阻天池带雪踪。

将军之爱

金都乐府喜周旋，苦战长城饮马还。
白诩文章犹胜剑，将军何故溺红颜。

土焉生德赋

落花凋露土生豆，云竹空心出土枝。
创世悬疑何曰若，愚人圣者不争奇。

访友话秋

秋风我借入南山，打扰君居落叶删。
红柿新甜不沾句，独取老柑相笑欢。

与老友徐祥教授重逢记

——于高雄文化中心至美轩

阔别重逢至美轩，风烟秋水认初颜。
忆来卅载丹青日，还见眉间行万山。

泡茶垂钓启示录

泡茶渣叶细观吟，青山新碧一壶湛。
江亭十饵二鱼钓，独剩秋风若世心。

【注】"二鱼钓"代表钓起来的鱼大小，隐喻世人对利与是非的取舍耳。

观阮常耀教授书法展即赋

——於正修学院艺术中心

花开花落自春风，君手骎骎舞墨龙。
临砚放然沾月象，诗心耀日邈云同。

席上有诗人

溪山何日梦秋金，寻觅枫林浅且深。
墨竹屏风寒雨后，八真馆上坐诗人。

咏伤鹫

瞎鸟乌云明月知，原来一目可相窥。
风林半见秋星夜，飞上高崖借露医。

无约游引歌

君钓春光碧澙烟，大鹏湾筏小鱼鲜。
屏江白发求漂木，名刹缁衣弄墨轩。
最是一游无所约，且偷半日入林眠。
萧家旧宅竹斟酒，长路人生古井天。

闻古筝奏桃花江曲

——赠陈秀玉老师古筝团

二十六弦纤手催，拨移嫚妙入玄微。
悠悠云想虹千线，江上桃花片片飞。

重游南横

少年溪水茎浓洄，客至梅庄春未归。
拂晓天池一孤月，岳风凛冽草霜飞。

穿佛吟

海云小栈一涯天，潮去潮来砂不眠。
只是僧人与鸥语，袈裟穿佛绝风烟。

登峰雨说赋

鸣石奔流碧岭天，我随一鸟上峰巅。
云衣翻落问天语，句句风霜入海渊。

另注：余曾经于公元2001年5月30日写了一首诗：

颂圣严法师法鼓与文教

清风佛想八澎烟，慧海文僧笔化禅。
法鼓山中木鱼说，一行蚯蚓可翻天。

呈赠之，并蒙法师亲笔回信嘉许垂勉。(注：蚯蚓据古传说原属毒虫，后来因听道而转化为益虫，一可帮助松土农作，二即被誉为"地龙"可入药治病。另外更象征经文可渡众升天呀!)(二月十日写注)

宝来山明日叶茶之歌

荖浓溪水发天池，昨宿宝来云海奇。
演易山庄明日叶，笑谈郁志饮君怡。

【注】东西向的荖浓溪系台湾南部横穿中央山脉的主要河川，天池、宝来山位于西部。演易山庄在于宝来山顶云海间，主人叶枝木善演易之外，种培高山茶及明日叶等。余于公元2012年2月8日偕友陪游其大陆郑州舅舅伉俪等五人上演易山庄作客访友、品茶、挥毫、题诗并住一宿，翌日早餐后趁云雾渐渐散开时下山呢!

庚寅春三月若水书会
于杉林国中如兰亭流觞雅集记

月光山麓月眉芗，若水诗心笔墨长
借得溪州中学校，杉林池苑酌流觞

【注】芗：指农作物之芳香，杉林乡月眉村现有19甲有机蔬菜，120公亩水稻和遍植水果木瓜等等。

读兰亭序于杉林国中之诗想

怀古兰亭千古序，吾侪好墨作新吟。
鹭鸶带下天池梦，楠梓仙溪宝岛心。

【注】第三句：形容鹭鸶沿着老浓溪带下天池的梦到了杉林乡来。第四句：楠梓仙溪发源于玉山，为台湾最长的河川，即象征"宝岛心"。

慕夏菁芳园之歌

菁芳园里翠池粼，轻食咖啡享涤尘。
落羽松风恍世外，紫花鸢尾慕情人。

【注】一、翠池粼：菁芳园位于彰化县田尾乡，公路花园的花卉专业区内。形容仿造大画家莫内的荷花池塘，其水流粼粼清澈，菁芳园四季充满诗情画意之美。二、恍世外：乃借喻溪头大学池旁边有一棵很大的落羽松，游客在菁芳园就彷佛置身世外般涤尘忘忧呢!落羽松会像枫叶般染红秋色灿烂。三、紫色鸢尾花：紫色鸢尾花于初夏四、五月开放，此花乃恋人的象征，亦是菁芳园的主题花，游人所最爱的。

梅岭诗想

文川古梅岭，老干花谢了。
美女煮咖啡，红樱猜翠鸟。

春夜淡水情人桥剪影

淡水鸿毛万里情，天涯海月一舟行。
情人桥上弄眉女，点拨手机埋怨声。

【诗注】一、鸿毛：指情人桥上海鸥留下的羽毛。二、本诗特以古典诗境的内化与现代人情感的外化，而作模拟借喻，进而描写今古世景人性的回异呢!

观主题《自在容颜》
法相艺术展之诗羽(一)

古佛馨香汉代风，丹青般若笔瞋降。
庄严法相一沙语，自在容颜千月江。

观主题《自在容颜》
法相艺术展之诗羽(二)

生生世世奈空无，自在容颜诸佛图。
神左芮菱鹣鲽志，五洲搜画法真如。

【诗注】「生生世世奈空无」一句：系据知在《自在容颜》法相艺术展之前，闻收藏人之一神左居士已仙逝离开凡尘矣！诗则引出此语之惊惜与追思啊!

后跋：

一、2011年的五月，高雄上云艺术中心举行了「自在容颜?法相艺术展」，主要是神左与芮菱贤伉俪的收藏展，也是一场能让人洗涤身心灵的艺术飨宴。一年之后，有幸拜读了吴露芳先生的两首诗——〈观主题《自在容颜》法相艺术展之诗羽〉，让我更加回味起那一件件使人清凉坦然的佛画。东石漫士的文学诗意，与佛画师的丹青才情，展开了美善的对话，让图像般若透过文字诗情而放光动地，真可允为美谭。盖法界无垠，随手捻来尽皆真如啊! 2012/05/02 郭佑孟 识于新庄稣文学舍。二、2011.05.15 自在容颜：古佛画孩专题讲座 郭佑孟教授/圆光佛学院图像文献研究室副研究员

观少林武术来台表演引赋之

一苇渡江东道门，少林武术古今尊。

禅功触发凌空劲，打破青山打断云。

注：缘起：少林寺武僧团访台佛教交流并表演，深为赞叹而引赋之。时间公元二OO四年二月二十一日于高雄市技击馆，当场赠予嵩山少林寺释永信方丈惠存。

【诗注】"打破青山打断云"一句，诗系以观赏表演的感受而咏赋之。此次"少林武僧团"来台佛教文化武术交流，概括以拳打功夫为主轴，而以"禅武合一"与"气功养生"作诉求呢！故不以少林武术分为南北两大派别，尤其北派之动作豪道，大开大合，手脚齐发的论点，此节不作文字虚构，而以踏破"青山之调"入诗，以符当下真实性也。

玉洁冰清余素性，勤劳硬颈未矜夸。

钟钵和鸣

铜钵金钟响四邻，和鸣霄汉脱红尘。
兴酣望月耽吟久，时乱看花感喟频。
山寺偶来参梦幻，禅机顿悟见精神。
跏趺习静听经咒，福慧双修证夙因。

四季吟

山林微雨自婆娑，风起春城柳絮多。
长夏天边留夕照，清渠水面漾晴波。
星从河边远中落，秋在梧桐疏处过。
朔雪隆冬衾似铁，峥嵘岁月逝如梭。

李宏健

1940年10月20日出生于台湾省台中县。政治大学企业管理研究所硕士。留学美国，获企业管理博士。曾在中兴大学、东吴大学讲授管理会计。业余爱好诗词、文学、书法。曾组设台北市诗词学会，担任理事长、名誉理事长。并兼任武汉大学、暨南大学、西安交通大学客座教授。著有《台湾先贤诗选注》、《丘逢甲先生诗选注》、《碎金词谱翻译》等书。愿与各地诗社、诗人从事交流访问。

惜　福

红尘扰攘复迷茫，宠辱兴衰尽可忘。
莫向塞翁论祸福，须从道友问行藏。
浮云易幻人间世，瀛海难寻仙界方。
保泰持盈勤养性，随缘寡欲礼空王。

松山庆重阳节诗人联吟妈祖颂

重九同登翚画楼，松山雅会競鳌头。
钟声钵韻樽前响，凤藻龙文座上留。
圣母恩施垂宝诰，骚人泽被荅神庥。
题诗献颂陈三愿，夺锦荣归得意游。

桐花玉洁，象征客家精神

油桐摇曳映朝霞，挺拔葳蕤处士家。
皓皓繁葩当户牖，阴阴翠叶上窗纱。
林间每羡寻诗客，月下常怜宿暮鸦。

李荣铨

字奉飞。广东人，现居加拿大。开平友声诗社等中外多家文化组织名誉会长、名誉顾问、艺术顾问等，其传记作品收入《中国诗词楹联艺术家大辞典》、《当代百家律诗佳作选》等籍七十余种，著作有《李荣铨书法集》及《海天吟稿》等八种。曾获诗、书法赛等特别奖、优秀并金牌等奖，以桂冠、性情诗人称号。诗书画乃陶冶性灵，启迪人生，延年益寿之良方。

宇航员航天成功感赋

嫦娥挥袖舞，献颂宇航人。
四海黄魂振，九州国运申。
蟾宫寻玉兔，霄汉摘星辰。
开拓新时代，泰平盛世春。

祥云征福寿，瑞霭兆丰年。
征月昭双岸，摘星问九天。
止戈防浩劫，销核保安全。
一统千秋盛，轩辕万代绵。

和平颂

星月风云会，神舟征九垠。
天军销核气，宇宙靖烟尘。
化戾依仁爱，和谐至善真。

叁

觀展處處寄詩情

墨雲詩草——

與畫家劉文隆先生話茶啖梅於松竹畫廊

松竹談心新月催　聞君華北寫生回
畫能逸品山川養　詩可滋心若漬梅

松、竹、梅為歲寒三友，便催請劉夫人共話且佐飲茶與梅，新月下呈三人三友之趣味。

觀蔡献友先生個展

生生死死復生生　彩筆擘描千色傾
飛鳥田螺皆是性　萬象磁場轉不停

蔡献友「形象磁場」個展係以油水交融的筆觸似如李白流水體，相隨念轉，次以驪歌曲調唱之營造背景間的流動，呈現自然裡的神秘同詩般的情境。

詩枷鳥文賦

鳥耕雲足上雲門　褪下輕毛作信文
君莫虛無空探索　落花樹下賦詩魂

雲足：語引用自「雲根係深上高遠雲起之處」，文選自晉張景陽雜詩之十「雲根臨八極，雨足灑四溟」之句，故續引為「雲足」是謂高山雲起，雨降之景象也。

寫槲寄生乙書

怪才天運自高論　腑鑿是非皆獨門
槲寄書生痞子語　人生捕夢盡春痕

「槲寄生」槲：音ㄐㄧㄝˇ一書作者蔡智恆先生，自稱痞子蔡。而槲寄生，是一種寄生植物，以此為書中的愛情文本架構。原寫法為「槲ㄏㄨˊ寄生」台灣又名桑寄生，屬寄生樹種。

汪中教授即席有感賦

藤根槃就當楹聯　蕉雨汪中研墨鮮

落日還言志猶壯　莫愁寸筆可書天

1. 高雄圓山雅集汪中教授談朕語有感即席賦之。
2. 古代殿堂、廟宇以及家庭堂屋前大多有兩根插廊柱子，稱為「楹」，貼對聯時通常會貼在這對稱的楹柱上，所以文人雅士們就把對聯稱作「楹聯」。

觀賞漢唐樂府《韓熙戴夜宴圖》世界首演有感

南管溱溱悠古聲　楚腰纖細掌中輕

漢唐樂府千年考　歌伎佻搖今始生

1. 讚頌漢唐樂府演出重建中國古典樂舞精緻風格。
2. 溱溱：舒發開展的樣子。漢．揚雄《太玄經．卷二．進》：「陽引而進，物出溱溱，開明而前。」
3. 佻（ㄊㄧㄠ）首搖移：舞姿之方式。

鳳凰花引

壽山石、點雲雨、火凰盈盈惻惻；
一寸詩心若竹。
天涯夢斷伊人，誰知那絲雲；
卻與飛魚別，問否？
鴻念！安得。

為配合高雄百年文化變遷先賢手澤展之詩人雅集吟賦有感

百年手澤展春風　文化變遷舢舨同
鳳棄舊城今日見　墨雲詩草自新虹

註

鳳：隱喻先賢耳

觀正修藝術中心電影海報原稿暨文物特展有感

正修藝苑戲人生　蒐展風華影劇情
浮世誰描成海報　張張啼笑盡心傾

第三句：影射浮生苦海與業報。張張：亦暗喻人在紅塵中愛恨恩仇的張張面孔。

初蒞翰清樓書法齋有感

椽筆縱橫作大征　勤求倥傯貴人生
案頭去我由禪現　慧雨書山自茂青

椽ㄔㄨㄢˊ：放在檁上架着屋頂的木條。
倥傯ㄎㄨㄥˇ ㄗㄨㄥˇ 指匆忙。事情紛繁迫促。

觀楊宗穎個展後對滲滯主題之裝置藝術新義而引賦之

滲滯無間因有道　仰觀宇宙自玄行
君如解構成新讀　萬物焉增空實名

2009年詩山城竹南全國聯吟大會題外偶成

愚公好酒外埔瀜　苗栗遊吟花雲桐
君愛好山連好水　又須好漢鬥詩翁

陳俊光師生書法篆刻暨拓片收藏展之詩萃

斯文有道亦無為　拓片繹山臨古碑

治印瑩璁善心象　藏鋒收捺發慈悲

1. 捺ㄋㄚˋ 台音「喇」。拓ㄊㄚˋ 台語發音「Thoàn」。
2. 〈繹山碑〉相傳為李斯所書。
3. 第四句：「藏鋒收捺發慈悲」，古人所謂的「逆入平出」為書法上用筆的一種方法。指下筆時筆鋒要從相反方向逆鋒入紙，隨即轉鋒行筆，使筆毫平鋪而出，空勢收鋒。舉例來說：「要跳高前，先蹲再跳，就會跳得更高些。」重點在取勢，這是書法用筆法則，亦是學習書法的不二法門。故詩則以「發慈悲」的無量藏智慧與力量一般來比喻之。

佛光山南屏別院落成紀念音樂會記聞

怪笛伴琴弦　南屏別院禪

文殊心咒唄　拍掌響雲天

1. 怪笛指蔡介誠先生吹奏一隻彎約五六尺特殊造型的笛子。
2. 在南屏別院 8 樓大雄寶殿裡，聽眾人一起隨著咒唄與音樂的躍動和拍掌之場面非常感人，讓人聽見不只是智慧的旋律，更是生命的樂章。

嘆賞王信豐之「靈魂領地」創作展

千溪萬磊木哮風　斯土台灣愛不同

天地蒼茫孕大信　決然曠野畫玄濛

1. 孕大信：形容鴻大的信念與信實創作之畫風，並隱喻作品「靈魂領地」主題也。
2. 木哮風：係指其〈風中直樹〉作品的意象與寓意。

蕭珊珊押花藝術世界巡迴展之詩序

姍姍妙手押桑蘆　佛母春蘿鳥獸殊

巧奪天工淨世相　一花一界幻千如

1. 該展主題「一花一界，一葉一如」詩本題坐「綻千如」，尤以押花藝術與詩境之故，而坐「幻千如」之句，猶言「一花一葉一世界各有真如在」的意思，但花葉之相乃千變萬化的「幻」與「真」。
2. 獸：代表駿馬圖的押花。

欣聞高雄市若水書會成立兼提倡作詩而引賀之

若水之章上善知　觀鵝研墨逸神時
諸君尚筆還文趣　足履人生可入詩

註

高雄市若水書會成立之典據：老子道德經第八章：上善若水。

詠西瀛畫會特質

菊歌烈日澎湖島　文石世稀玄武磐
六四西瀛錯孤嶼　赤情風士畫滄瀾

澎湖列嶼係由六十四個島群錯落分布而成。

乙未年初冬遊太平山憶澄心書會書法聯展之寄思

澄心墨見是江湖　老子無為遁世途
散策他方三鼎足　入林眠惱自真如

註

「三鼎足」引說三國傳之三請孔明，史有赤壁之戰中獻策東吳火燒連環船，形成三國鼎足之局也。

觀賞「荒竟・月世界」石忘塵水墨個展引頌之

黑白何言忘塵　月臨荒谷空憐
廣寒埆峭童夢　君畫流光獨先

註

埆ㄑㄩㄝ丶：土地貧瘠。

受邀參加佛光緣藝術家聯誼——觀賞明華園演出有感

佛光山上演明華　戲活人生台下誇

聖俗原來愛歡喜　星雲一筆入蘆花

1. 佛光緣藝術家聯誼會。
2. 活動內容：抄經奉納《八十華嚴經》儀式參觀，並欣賞明華園歌仔戲「稱願再來」之劇目。
3. 日期：2013/5/26（日）參加活動中，才知道是因洪根深於佛光緣美術高雄館展出《抄經個展》奉納於《佛館藏經塔》而舉辦之。
4. 第四句以「達摩一葦渡江」做隱喻申引之，雖然年邁目矇，且認真於書法矣。

佛陀念館十方霓　嶺口江風白鷺棲

乘願再來月夜演　明華歌戲萬人迷

1. 當晚適逢農曆四月十七日，佛陀紀念館前廣場演出明華園戲劇總團，由「無敵小生」孫翠鳳領演，並傳佛誕特殊腳本《乘願再來》精彩演出，中場休息，始發現於佛館前方屏溪天空掛一輪盤大的明月。
2. 佛光紀念館為佛誕活動而舉辦明華園歌仔戲名旦孫翠鳳主演，專題編腳本《傳遞「愛」與「仁慈」與力量》，《乘願再來》齣戲主敘為：一段復仇之旅，卻讓成恨而來的王子攜愛而歸……感化人，心向寬恕的好戲。
3. 海報主文：起先苦思，不知和解，原來冥冥早有安排……願世間一切是愛，無煩惱，乘願再來。

妙鑑主題「臥硯望塵憂」黃同慶硯雕展讚吟之

煮食摘煙化古雲　硯台千刻萬山痕
精心妙得墨能語　漫士贈詩同慶居

好戲

天后宮庥鼓旗島　今宵高甲戲天真
廈門名齣金蓮旦　鄉音福耳笑親民

1. 庥ㄒㄧㄡ：（1）休息（2）庇蔭、保護。「旗鼓島」：指鼓山和旗津半島，則代表高雄也。
2. 以上二首詩，余寫「斗方書法」贈之。

關「道法自然」張穆希書法展即賦之

研墨法書書成律　翦雲入壑壑行溪
穆溪蓬島義之夢　羅浮醉醒筆鳶棲

二〇一二六月十六（六）文化中心至高館

妙觀「黃光男教授水墨展」之詩序

才華美館擘名揚　畫入新潮生活長
水墨何須惹白石　光男極簡意玄黃

註

2012/5/4~6/10 於高雄壽函學會展出。
白石：指中國近代水墨大師齊白石，另備水墨與白石代表陰陽也。玄黃：「天地」別稱「天玄而地黃」。擘名揚（1）擘劃也。（2）豎起大拇指稱讚也。極簡：指黃光男教授探尋中國水墨畫風，易經中黑與白，表陰陽也。

觀「兩面圓鏡——互攝相融為倒影」阿卜極個展之詩想

（其一）

穹虛為畫筆生玄　今道多元醒古賢
兩面君融作圓鏡　一真何極卜詩禪

（其二）

鏡觀兩面焉生惑　覺有情兮非一般
倒影君何互相覷　大千一粟是心顏

茶坊與友共讀《無隱》之寓言

一本奇書夾野薑　吸睛何事兩商量

荷田裸女何無隱　鹿谷春茶冷露香

二〇〇九年十月八日　東石漫士

1.「一本奇書夾野薑」一句：係描寫當你打開一本奇書，不經意地發現書頁中，夾著一片乾野薑花……更會對這本書產生奇想的漣漪……。
2.「吸睛何事兩商量」與「荷田裸女何無隱」二句：詩中出現兩個「何」……豈不是試問野薑花「吸睛」，荷花裸女「無隱」之意象在心中迂迴盪漾的思緒，焉非對人生之「情」與「物」的一種看似乎平凡卻深富尋味的寓言嗎？或許能夠使人步入生活禪的領域。
3.「鹿谷春茶冷露香」一句：乃說寫此詩的時間點，當鏡頭對焦在當下的品茗、春寒、友情、攝影藝術的兩相砌磋的真切真摯的氛圍，豈不正是這首詩「弦外之音」？

詠現代詩章與古典詩律交會於上雲「茶禪一味」展

詩人今古句驚天　誰想流星化雨弦

落葉秋風路寥袖　上雲一味悟茶禪

二〇〇七年一月廿八日　東石漫士　吳露芳　撰

1. 此次高雄上雲藝術中心由現代詩人李友煌邀集詩友路寒袖、張筧、雨弦等十二位，以及澎湖石壺家盧志松，茶人宋傳進舉辦「茶禪一味」活動，內涵深具，更別開生面也。
2. 茲應年青學生要求把此首詩語譯，並就古典詩寫作的方法淺顯說明如下：
   一句：係形容古今詩人給人的印象是才華過人，靈感敏銳，總是會寫出驚天動地，且流傳久遠的妙句來的「起句」。
   二句：乃詩法上之「承句」，於是以問誰想把蒼穹的流星化為雨神的弦音。
   三句：此句是「轉句」。寫詩者要以特別手法加深「劇情」使它產生味中味。由於平常都稱詩人等藝術家是多愁善感的，正好展覽活動是天寒時刻，為了營造寓意，就以秋風蕭瑟，落葉紛紛，更以寒澈路上行人衣袖之刻畫，然後才能夠襯托出「茶禪一味」的主題。
   四句：詩的「合句」，則要發揮詩、茶、禪三體貫連氛圍的想象力。點出這一相干趣味的詩人、茶人、石壺家竟然互為邀集爬上雲端去煮寒祛風，一味「含有執意的模樣」想要悟出茶禪的滋味與慧根。另之，上雲的「上字」漢語應以主動詞讀之。至於「禪茶一味」原義，乃述說茶藝近禪相。
   然而茶道近禪用，於是「茶禪一味」或「禪茶一味」示禪體，二者不離心，二者若缺一，茶文化就不能呈現真藝。〈二月二日補寫詩註〉

澄心書會聯展觀後拾得

名家寫字各堅持　甲骨文刀狂草馳

書法猶如將無種　澄心一筆萬行奇

二〇〇七年五月二十八日　東石漫士　吳露芳

1. 該聯展於正修藝術中心展出。
2. 參與展出的書法名家有二十五位，包括朱國和、李國揚、李憲專、李燿騰、林進忠、林聖博、邱春田、柯耀程、張枝萬、莊永固、許朝榮、許增昌、郭芳忠、郭春甫、陳國昭、曾臥石、曾福星、黃志煌、黃宗義、黃崗、黃嘉政、潘以諾、蔡崇名、鄭清堯以及鄭輝雄等書家。

觀阮常耀教授書法展即賦——於正修學院藝術中心

花開花落自春風　君手駸駸舞墨龍

臨硯放然沾月象　詩心耀日邈雲同

〈換到千般淚〉箏曲偶成

春雲起，燕初過

換到楊柳千般淚

御書坊，獨茗下

卻吟雪月化風花

1. 燕初「過」讀，ㄍㄨㄛ，平聲。
2. 《換到千般淚》：上述對聯「雨柳」物語與「雪月風情」之情境引喻；又對「人生難料，歲月無情」的感嘆！故在待人處事上要誠意守信，才能入「悲智雙修」真如無礙的禪悟。

蔽十方印會 篆刻、書法展引緘

十方印會一刀雕　萬字由心夢鼎堯

書法靈犀成聖手　朱泥古惑璽新桃

二〇〇五年七月八日　壽峰吟士　吳露芳　撰

璽：古帝王之御用印。此處是指上嘉的刻印藝術。新桃：句出王安石詩『千門萬戶瞳瞳日 · 總把新桃換舊符』指是春聯或神荼、鬱壘二種之春符。詩指借喻篆刻，新款式圖騰也。

賀「白線的張力」兩岸三地現代水墨展，暨「知白守黑」白派美學而歌之

創先白線成張力　現代神仙難吐雲

懸網蜘蛛夢彩墨　無為太極別生魂

二〇一三年六月十四日　東石漫士　吳露芳　撰

1. 「現代神仙難吐雲」一句：係笑說現代神仙因吃太多塑化劑和毒麵粉，很慘破功不會吐雲了！（隱喻西方物質文明症候群）。
2. 「懸網蜘蛛夢彩墨」一句：詩乃申引第一句此次畫展主題「創先白線成張力」也，蓋蜘蛛結網彷彿八卦耳。又蜘蛛的晝夜（詩以彩墨喻之）守著夢（含意獵取或創作）。因為人生有夢想最美，才有更新的希望。
3. 「無為太極別生魂」一句：古易卦之「太極分兩儀八卦者」的圭臬（法度），進而演繹之。其除了科學物理外，乃是天地間之哲學、美學！然而其中「黑白」不但是光學，更屬哲學。譬如老子道德經廿八章「常德篇」之所謂「知其白，守其黑」之真諦相同矣！「無為」者乃道也、非常道也。以事者而言，勿形役始得以創新之。今對新科技時代的迷惘，是過度利用物慾的傷害，皆違反自然天理等惡果的情況下，仍然從事於前瞻繪畫藝術的努力，更汲汲於中華文化的精神，深入探討。余遂以「別生魂」（即所謂有別以傳統而創生了東方繪畫語言的新靈魂）為今日展出諸位藝術家而歌詠之！亦是詩與畫交會遊藝之美談！

觀陳聖蕙彩墨個展承邀　賞評並求詩而賦贈之

聖蕙天資且性惇　狂狷收拾學川湲

風禪古木入雲夢　卻把春嬌作墨痕

東石漫士　吳露芳　撰贈

後語：緣於二〇〇六年二月廿五日在高雄市文化中心至美軒參觀該畫展後第二天，余上壽山運動於山亭歇息時回想看畫之印象遂賦得此詩耳。聖蕙小姐雖然目前仍就讀台南長榮大學視覺藝術系四年級，業已經得過第三屆彩墨新人獎、南瀛桂花獎等多項殊榮佳績。

註

詩的第二、三、四句係形容她在寫意畫虬勁盤錯的古樹；和信手飛灑的現代抽象水墨所表現出狂狷不羈底大氣勢畫風，亦正如她自書為「狂狷野人」一樣。然而她又能收斂起狂狷，另以近似傳統新方法沉下心來畫山水，以及工筆寫實的美女花卉圖之殊異功夫。

「春嬌」一詞乃用來象徵美女花卉焉。

敬賞 洪祥麟先生百歲紀念全國書法名家巡迴展之詩拾

極真不二但何真　只筆晨昏一筆新

鴻鵠天涯亦留爪　名家胸壑去因循

二〇〇八年五月二十四日　東石漫士　吳露芳　撰

註

「極真」係此次巡迴展之標題。

觀二〇〇六林加言回顧展有感

林家三傑海風斟　君畫初情皮影心

六九狂狷筆癲物　加言憬夢曠山林

二〇〇六年九月八日　壽峰吟士　吳露芳

後語：林加言 1938 年出生於台南縣新營市土庫里。1956 年台南省立高工土木科畢業後，入職於台灣電力公司花蓮龍澗工程處，其間在一次冬天山岳飄雪中認識畫家林勝雄。1961 年從其兄林天瑞老師習畫，後來成為其妹婿，進而辭去公職加入林氏兄弟裝潢設計事業夥伴。1971 年並共同成為高雄市美術協會創始會員，1991 年從商場退休後再度專心投入繪畫創作。

1. 「林家三傑海風斟」一句，係描述這南部畫壇三傑，他們住在高雄時工作休暇之餘，時常相聚舉杯暢敘，好像亦邀約西子灣的海風一起斟酌！
2. 「初情皮影心」一句，初情一指人之初情的純真；二指創作對於第一次的感受的可貴。皮影一詞一則以傳統皮影戲來比喻人生百態，以及社會世故盡是臉皮、身影、念心的相互投射般，恰如其作品〈淘金城〉相似。
3. 「六九狂狷筆癲物」一句，六九指他生涯的回顧，狂狷是寫出他骨子裡頭的動源。誠如藝評家顧獻樑教授對其作品中充滿死亡、風暴、鬼魂、夢魘、畸形、怪象等元素，構圖色彩顯得沉悶、恐怖、時時令人不寒而慄，認為富有哲學味，鼓勵其專心作畫，使其畫調於是有「魔鬼畫家」的稱呼。詩則以「筆癲物」來表達其怪異畫風及創作意態，物是色相，包括繪畫也。
4. 「加言憬夢曠山林」一句，加言一是林君之名字；二是加言猶謂嘉言，稱讚也。蓋觀林君之後期由於「馬齒徒增」底人生歷練，和林勝雄結伴上山岳入林壑去體會大自然的奧秘，其畫風丕變，故詩則寫其有所憬悟而去追求新的夢想，去描繪曠古山林的「巍然玄秘」的畫境，舉如其大幅作品〈馬馬宇頓山〉的傑構一般。

觀周瑩華髮繡藝術交流特展引賦之（其一）

千取紅塵一髮絲　焉將千縷繡成詩
蘇州瑩女非常巧　驚世天功允畫奇

二〇一〇年二月二十日　東石漫士　吳露芳　撰

1. 緣起佛光緣美術館高雄館二週年館慶，展覽期 2010.2.6~2010.3.14。
2. 周瑩華（又稱蘇瑩），蘇州人，公元 1958 年生，榮獲「中國刺繡工藝大師」。
3. 千取：即含選取、取法之義也，猶若取經之辛苦與虔誠之狀耳。且以 " 允推獨步 " 細微針繡工法完成驚世天工般絕妙傳神的髮繡詩畫的意思。
4. 本首詩：乃以髮繡展中〈伯牙鼓琴圖〉、〈韓熙載夜宴圖〉、〈八十七神仙卷〉、〈千手觀音〉、〈仿歷史山水名畫〉等作品的清逸、古樸風格之感發而引賦者。

觀周瑩華髮繡藝術交流特展引賦之（其二）

父母恩情一髮絲　焉將千縷繡成詩
蘇州瑩女霓仙巧　驚世針工畫絕奇

二〇一〇年二月二十日　東石漫士　吳露芳　撰

1. 〈髮繡〉清秀淡雅、線條明快、清雋勁拔、耐磨耐蝕、利於收藏等特點。近年來髮繡技術幾近失傳，成為帶有傳奇性色的刺繡工法。（髮繡於特製「塔夫綢」，須採選 20~30 歲人的頭髮始可使用。）
2. 本詩則另以觀賞中特以〈姑蘇繁華圖〉、〈百駿圖〉等一類色彩物象繁多的作品風格而引發吟詠之。

鵠望《絲路拾珍》敦煌文化藝術展之詩序

絲路拾珍西域嘆　敦煌石窟月牙池

正修海峽高雄展　文化中華德世匙

二〇七年三月二日　東石漫士　吳露芳　撰

註

莫高窟，多麼深邃迷人的名字。紀錄著上下千年的美術工藝與宗教信仰，承載了漫漫絲路的東西文化與民族風情，為師生揭開敦煌石窟的豐厚內涵。

聆賞LINE周杰倫手奏古箏演唱〈菊花台〉與吳黑左營蓮池潭〈柳堤上〉詩聯想

菊花台罕見交響樂　古箏彈 周杰倫唱！！

子時夜寒未眠　誰上舊城望？

祇是夜鷺伴荷花殘！？

詩人無詞卻問柳堤　一釣竿…………

人影沙漏 空禪

二〇一七年十二月二十四日　東石漫士　吳黑　作

聆賞吳語宸古箏演奏電視劇《武媚娘傳奇》片尾曲〈無字碑〉深切感動而占吟之

樂入滄桑千史推　唐朝異數武娘誰
語宸不奏梅花弄　箏扣則天無字碑

詠高雄市鳳妃堂「帝王寶器・宇宙能量」中華文物藝術大展之詩序

帝王寶器崇天地　文物靈樞邈宇申
鑑古唱遊新視界　時空隧道夢成真

二〇一五年三月十四日

何也漫賞「水墨正修・振明給你看」李振明個展深喜其破立而以洛書笑引之

流年水墨何蒼古　現代多元虛構多
猜說洛書一真象　振明繪畫豈雲河

觀2015「藝起東方」教師藝術聯展，賞悟蘇英正教授〈天水〉、〈峽谷〉兩幅西畫，而賦予「風格哲心」之共鳴深意。

英正曠古畫風名　深火荒遺瀑布聲
白鷺空潭疑月缺　誰馬猜錯哲心靈

二〇一五年七月二十六日　東石漫士　吳露芳　撰

註

美術工藝研究所長兼系主任蘇英正，作品 1 、〈天水玄音〉 2 、〈峽谷幽情〉。

靜賞「澳門元素紫外線固化版畫展」與蘇沛權教授深談引賦之

澳門元素蘇沛權　幻夢版畫路敲天
莫問東方封神榜　紫外線蝕羅生篇

「東方封神榜」詩乃指蘇沛權教授的紫外線固化版畫創作可稱為國際藝壇大家，又其人格自然而遠大，故以東方封神榜來引喻藝術現代策略之外，更俱「天地人」的哲思。另則，詩特以古今做比賦[illegible]現代西方科技太空，人性自由囂張，崇尚物慾，致使全球汙染嚴重與食安問題亦層出不窮的社會羅生門。故詩乃以東方中國在三千多年前周朝建立聖賢治國的姜子牙《封神榜》之歷史縱深作為探討之。君不見！中華文化的博大精深，尤略指「明明德」哲理，正是今天全球物質科技人性沉淪的救濟之道也，藝術之路亦復如是！

欣聞「匯聚－兩岸當代藝術交流展」之鴻歌

雲說臺灣有玉山　長江流遠自天山

中華文化新人出　藝術開來兩岸頌

二〇一三年十一月二十日　東石漫士　吳露芳，占得

頃接「匯聚－兩岸當代藝術交流展」邀請柬，這檔可說是正修藝文處舉辦兩岸頭回大事，像這樣政治文化傳統地理等特殊微妙互動的新展，余想寫首詩以歌頌盛會突覺難也，李白曾說過「比登天難」，一時無所措不想寫了。今朝起床去美術館走一趟時，從湖光山色白雲向我笑一笑，頓然有所悟遂吟就此首。

觀賞於正修藝術中心展出苗栗縣政府國際文化觀光局2013行動博物館「當代木雕之美巡迴展」之風華詩序

雲山奇木古今雕　巧奪天工創藝超

中外馳名三義館　巡迴當代展今朝

二〇一三年九月一四日

觀「慢—追求永恆與存在的價值」高雄市現代畫學會聯展後六日潛悟之詩想

看山空相近無為　慢也何言創作奇

前衛思潮囧蠶變　乾坤相錯日相遲

二〇一二年九月二十三日夜　東石漫士　吳露芳　撰

肆

與大師們相遇

大千一粟，茶禪游藝——

佛劫佛心

石佛皚皚智慧身　千年歲月立風塵
兵災盜劫五分散　依舊慈悲待世人

註

佛光山佛教二千年文物暨地宮珍寶特展觀後感。

頌證嚴上人悲智雙運錄

日日辛勤灼見真　靜思智慧定風塵
大行大愛營希望　慈濟人人菩薩身

雲說釋曉雲法師之興學

法若雲煙行若風　黌宮石碇解行蒙
了凡不為身成佛　但見曉雲醒夜松

註

黌宮ㄏㄨㄥˊ ㄍㄨㄥ指學校古稱黌宮，是傳道、授業、解惑的莊嚴所在。

寫畫家李奇茂教授

墨點台灣髭老佗　運筆傳神笑語呵
先生本是遷鴻客　偏寫世廛白手多

註

佗ㄊㄨㄛˊ：同「他」。又委佗，雍容自得貌。《詩經 · 鄘風》：「委委佗佗。」〈疏〉：「委委，行之美。佗佗，長之美。」《荀子 · 非十二子篇》：「弟佗其冠。」髭ㄗ：音茲，嘴上留著鬍鬚。李先生好著中式素袍也，且留著白髭鬚。廛ㄔㄢˊ：音纏，古同「纏」，束。

作者（右一）與李奇茂大師（中）合照

寫台灣文學耆碩葉石濤先生

蓮池潭畔一文人　妓戶毗鄰又廟神
高士風流葛天想　半屏山下著言真

後語：

一、葛天者係上古帝號，爰儗旋穹，作權象。其為治也，不言而自信，不化而自行，蕩蕩擬！無能名之。詩中藉此來形容先生之文學宛若蒼穹天聲和草民心聲也。

二、半屏山之峭壁削落之奇景，遊其鳥瞰彷彿台灣本島狀。詩更以左營蓮池潭人文風情引喻先生創作本土文學之風格與精神所在。進而隱托出先生對台灣歷史烙印、族群和鄉魂之深厚體認。

毗ㄆㄧˊ音皮。

與僧詩話後山

烽火流離少旅戎　詩文相會老僧容
出家不為情難度　何爾葬花飄岳風

追思佛學導師印順上人101歲圓寂讚頌

日導滄煙月入門　藏經千讀扣風雲
順天惹佛百餘載　足印如來慈濟人

1. 思想巨擘，法影一世紀，亦象徵戒定慧大願之悲智也。
2. 月入門：隱喻證嚴法師。滄煙：世景人生，即娑娑世界。風雲：人間事物之紛爭動盪。惹佛：佛曰諸法皆空，默坐無語，不立文字，又指出諸法如夢幻泡影。印順法師竟從浩瀚藏經閣無數佛法經典中，領悟出人間佛法之謂。余謂其「空中提難，難卻落實」之意思，如海中印現的明月。

傅抱石百年大展觀後感

石尚天風君抱石　春神楚夢畫非常
才華灑脫羈文章　怎奈新思泥屈長

二〇〇五年三月六日　壽峰吟士　吳露芳　撰

後語：傅抱石百年大展，刻於台北市國父紀念館中山國家畫廊展出。係由北京博物院，中國美術館提供經典作品，計 120 餘幅之多。傅氏為江西省南昌市新喻縣人（公元 1904–65 享年 62 歲）。

1. 第一句「石尚天風君抱石」，係借喻黃山嶙峋奇石，天風浩蕩，來形容傅抱石之天賦異稟。
2. 第二句「春神楚夢畫非常」，係此次傅氏作品除了山水畫之外，其人物畫多取材自傳説及歷史人物者，致使以古典詩七絕實甚難加於囊括表達的，於是余爰擬以「春神」來代表其作品中仙女窈窕人物，諸如〈湘夫人圖〉（她宛若洛神般，美目兮、衣帶飄然，凌波於洞庭湖上之仙女。），以及〈擘阮圖〉、〈雅樂圖〉之類。而且以「楚夢」來代表文人烈士隱者。舉如屈原這位愛國詩人……〈離騷〉的沉鬱，文天祥〈正氣歌〉的忠貞，懷素「狂草」的出神，或《九歌眾神圖冊》、〈雲中君與大司令〉、〈九老圖〉等等。
3. 查「楚夢」一詞係出於晉．陸士衡、齊謳行「孟諸吞楚夢」。並引用唐．李賀歌詩篇「楚魂尋夢颸然」，以及元．錢惟善，湘涙竹管詩「湘水無聲楚魂咽」，（註：該詩描寫指舜二妃娥皇、女英），（但另有傳説是湘君水神，和二位湘夫人的故事。）等文學典故。余引借楚夢一詞方能將傅氏畫中之女神、文人、烈士之題材，得以涵蓋融滙一氣。除此之外，另引申「楚楚」一詞，包括鮮明貌、茂密貌、悽苦貌之多義性，當能更加切入傅氏無論人物，山水作品之獨特氛圍與神韻風格耳。

4. 「畫非常」、「才華灑脱」二句，乃形容傅氏畫藝高超，無論山水獨創法，用筆甚為灑脱傳神，尤其布局異乎傳統而均能渾然一氣，深具高奇清古並透出飄逸，且橫怪拙趣的風貌焉。他與齊白石共享「南北二石」盛名，更擁有「百年難得一見天才藝術家」美譽的 20 世紀中國水墨畫家。
5. 「覊文華」、「新思泥屈長」二句，係依據傅氏自 1954 開始畫〈東方紅〉、1958 畫〈毛澤東詩意集〉。隨後 60 年代大陸醞釀文華破四舊大風湧，於是傅氏放棄自己最愛、最善長的歷史人物與山水畫風，全然改變而走水墨西畫般的寫實路線。他自己曾經説過：「思想變了，筆墨就不能不變。」，固之其非凡「想像力」如駿馬之覊絆。1962 年為應付政治需要，雖然也努力畫了「煤都壯觀」、「豐滿道上」一類所謂藝術家該畫的題材，結果恐怕是事倍功半，對於像傅抱石這樣大師來説，只是「交差」而已，亦就是被陷入政治意識形態的泥淖之中，而不能發揮應有創作能力來。

附言：

（一）傅氏晚年只有〈平沙港雁〉、〈山高水長〉、〈聽泉園〉這些傑作，才是他詩心畫魂深刻的探索—錄自余光中文

（二）余參觀該畫展時沒有拿到傅氏的作品目錄資料，返高後一時沒能夠寫詩註。幸好 3 月 22 日中國時報「人間副刊」有一篇余光中先生看過傅氏百年展所寫的〈腕下誰能招楚魂？〉一文。余得從中擷取有關作品題目等資料而補寫此詩註。

（4 月 6 日補註之）

 拜讀 星雲大師著〈佛陀紀念館緣起〉之啟示

滿舟雲執佛牙安　無我有能成塔觀

四聖輝煌八正道　佛光嶺口信瀛寰

二〇一〇年四月八日　東石漫士　吳露芳　敬撰

註

1. 佛陀紀念館佔地一百餘公頃，正館建築為地上五層地下一層，面積達四千餘坪，另有八座代表「八正道」的寶塔，以及四座代表「四聖諦」的菩提伽耶正覺塔，地下設有地宮四十八間，裏面收藏各種與佛陀有關的聖物，如恆河金沙、轉法輪塔石塊、涅槃塔的五穀磚等……。(摘自〈星雲大師著佛陀紀念館緣起〉一文)
2. 「滿舟雲執佛牙安」一句：詩是記敘建館工程後經一再修改，成為現在除了主體建築主館外，所謂「前有八塔，後有大佛，南有靈山，北有祇園」的宏偉格局。這一切過程，係由星雲大師禪示，都是經過大眾協會，完全以眾意為主。所以在規劃設計期中，星雲大師曾說：「誰能主持佛陀紀念館的建築工程？只要不執著己見，能夠「無我」的人，就可以擔任」。後來由佛光山淨土文教基金會執行長滿舟法師負責。（節錄自佛陀紀念館緣起） 。爰此詩句則以此緣起而真切引賦之。
3. 「佛光嶺口信瀛寰」一句：係指佛光山寺在台灣高雄縣大樹鄉嶺口的地方，業已信實， 崇信地將佛陀紀念館蓋得「四聖輝煌八正道」宏偉世紀性建築結構以恭奉「佛牙」，乃是全世界所驚訝與瞻仰之聖地。
4. 詩則進而引述唐譯《華嚴經》十四：「人天等類同信仰」，並另引義於《荀子》〈霸王篇〉：「安與夫千歲之信士為之」的涵意入詩境。

詠董陽孜「墨韻無邊」書法展讚嘆其新創意藝術之奇偉脫俗

千秋獨見空徒墨　尺紙春驚波翦鵬

大地焉書汝所適　孜孜漠漠在飛凌

後語：此作為觀「墨韻無邊」董陽孜書法、文創作品展，於2009年在高雄市立美術館展出，深感其藝術精妙之作。董陽孜女士是當今藝壇重要的書法藝術家之一，多年來不斷在藝術的領域追求登峰造極之造詣與自我極限之超越……她使書法轉變成特殊的個人「藝術」型態，也成為全人類的文化瑰寶。（節錄自高美館文宣）

1. 「千秋獨見空徒墨」一句：詩開頭以悠悠幾千年來中國文字暨書法藝術之演變，從甲骨文、篆、隸、楷、行、草等各類形體，並經過歷代名家出神入化的詮釋，創造登峰造極的藝術地位，更成為後人學習書法的圭臬……唯迄今日獨見董陽孜女士能在科技新時代潮流下，把傳統書法藝術融合抽象繪畫概念來設計經營是非常成功的。
2. 「空徒墨」：乃形容無所形役，而超脫傳統筆墨的意思。
3. 「尺紙春驚波翦鵬」一句：乃說欣賞董陽孜「墨韻無邊」書法作品時，無論從「尺紙」細部的點處入眼去觀察其運筆（筆觸感）之始末，竟發現彷彿「一元復始萬象更新」般的讚嘆，更似春至後，驚蟄節氣般，冬眠昆蟲動物漸甦醒萬物充滿活力之生命力。繼以詩作寫出觀者於眼中游移在廣大畫面時驚訝發覺……畫面竟出現彷彿大鵬飛翦在萬波千濤上般的龐大氣勢極為動人，於是將詩轉入「大地焉書汝所適」來形容董陽孜將一大張的紙鋪在地上，並邁步揮灑的辛勤創作，如同適材適所的身影涉入眼簾，構成詩作畫面。
4. 「孜孜漠漠任飛凌」一句：採用她名字的「孜」字，來代表其數十年來孜孜不倦為創新書法藝術所下的苦心和堅毅不拔的精神。「漠漠」是寂靜無聲（藉此形容沉靜於創作中），乃如禪似道也。

綜觀董陽孜今日所展出的大作，展現出現代繪畫與中國文明哲思主張的精氣神是貫通的，余於觀賞中領略而遂賦此詩。

佛光山南屏別院美術館「草木之間」茶禪游藝展有感

子德芬芳忙種緣　慈悲可是自心田

南屏茶話名壺賞　草木之間君得禪

「子德芬芳，眾緣和諧」一句係星雲大師偈語。忙種緣：指人的緣份須多灌溉培養的意思。草木之間君得禪一詞，乃以「子德芬芳，眾緣和諧」的啟示之下，而與大地草木之間醞釀出自然為真意、平常又非凡的禪之意境。

觀呈星雲大師大石作大岳風骨圖

大岳風骨兮　帔雲水三千

屹巘天塹兮　猶道之沉潛

悲智不二兮　眄星雲路塵淵

——古體（五言末句六言）

1. 應松竹畫廊好友大石〈本名劉文隆〉之請求，赴苓雅區觀賞其大幅水墨圖（擬呈贈星雲大師之作品）。余現場觀後，口占此首詩，以共襄之。
2. 帔ㄆㄟˋ：古代披在肩背上的服飾。眄ㄇㄧㄢˇ音免，回顧「流眄」。（詩乃指星雲法師一生為佛法洪道的歷程，猶如磅礡之山水水墨畫。）屹ㄧˋ：直立不動貌。巘ㄧㄢˇ山勢高危。
3. 詩計六句式，雖已五言為之，但第六句特別改為六言，乃謂星雲大師修行弘法之影響力未央也。「雲水三千」：句乃星雲法師的著書之名，亦代表出家人「雲水修行歲月」。

冬日遊內門紫竹寺經六龜道院而至甲仙廟通寺瞻仰廣欽老和尚雲水遺像有感

冬日尋禪過內門　妙通寺仰廣欽尊

茗溪騷客聽秋鳥　始悉月眉淒岳昏

註

月眉淒岳昏一句係對高德行者己遠矣之感嘆！時值秋冬初變，故作秋鳥，以寫南部山區氛圍耳，秋亦意哮愁也，蓋就禪而以秋字入詩之。

辛卯年十二月二十七日訪潮州融圓法師淨苑雅集記

潮州靜苑品茗間　半是迎春半守年

蒼碌人生此杯敬　融圓笑導入茶禪

觀遊心禪悅 聖嚴法師書法展與悲願興學而步參拾賦之

法鼓山觀山月昇　江風海雨莫須聽

筆揮禪悅漫無事　緣是慈悲化墨明

二〇〇七年八月十二日
東石筏上吟者　吳露芳　敬撰

後語：

遊心禪悅——法語、墨緣、興學、聖嚴法師書法展：８月１１日起至８月２２日止於高雄市文化中心至真堂 A 館展出。

一幅幅由聖嚴法師親書佛句法語，或自撰偈詩禪詞，且以「我自用我法」的書體，緣於筆墨引眾，這就是無聲的說法，更立下「大學院、大關懷、大普化」三大教育的悲願志業。

1. 本詩乃余於十二日，臨會場欣賞 聖嚴法師「我自用我法」的禪悅書法，在佛語，與法師以台北縣金山法鼓山寺之勝景所親撰偈詩之禪境的濡染、參悟而興賦之，仿以襯托這位悲智雙修和擁有博士學位的高僧矣！
2. 「化墨明」一句有二義：一指 聖嚴法師創辦法鼓山佛教文教基金會，乃以現代教育與生活方式和文明趨勢來宏法，而不墨守成規的意思。二指佛理的真義和大慈大悲的願行，能化開人寰的罪愆黑暗面，而走出光明向善之路耳。

（八月廿日註之）

頌聖嚴法師法鼓與文教

清風佛想八澎烟　慧海文憎筆化禪

法鼓山中木魚說　一行蚯蚓可翻天

呈贈之，並蒙法師親筆回信嘉許垂勉。

蚯蚓据古傳說原屬毒蟲，後來因聽到而轉化為益蟲，一可幫助鬆土農作，二即被譬為「地龍」可入藥治病。另外更象徵經文可渡眾升天。（二月十日寫注）

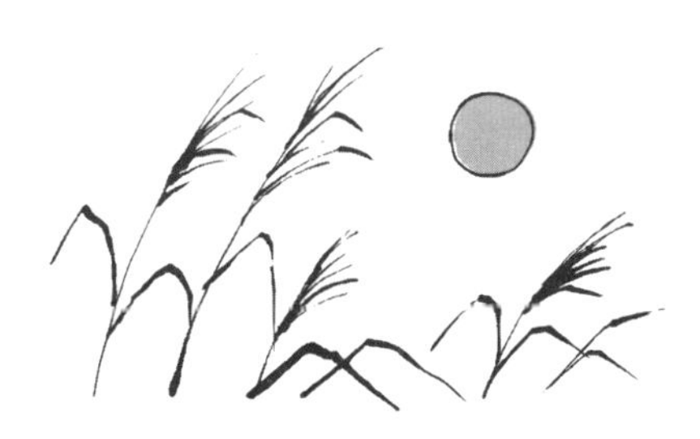

觀主題「自在容顏」法相藝術展之詩羽（其一）

古佛馨香漢代風　丹青般若筆瞋降

莊嚴法相一沙語　自在容顏千月江

二〇一一年六月三十日　東石漫士　吳露芳　撰

觀主題「自在容顏」法相藝術展之詩羽（其二）

生生世世奈空無　自在容顏諸佛圖

神左芮菱鶇艓志　五洲蒐畫法真如

雲門舞集《水月》詩之聯想

雲門舞色若漂紗　水月詩魂夢露華
夜鎖無期星海盼　青春愛戀曰空花

雲門舞集《水月》《竹夢》詩之聯想

水月飄飄若世離　拳風太極引須彌
雪花雨點婀腰舞　天籟春醒竹夢奇

壽峰吟士　吳露芳　撰

後記：

看見雲門，發現雲門。

觀想雲門，也觀想自己；書寫雲門，更書寫自己。

成詩，成文，成帖。

於是，一種「雲門美學」蔚蔚然然，與你共享。

圖片來源／雲門舞集《竹夢》，攝影：李銘訓。

雲門《狂草》舞集與飛魚之啟示

狂草雲門舞韻悠　台灣藝術創新猷
黑潮蘭嶼飛魚似　十字星光獨木舟

圖片來源／雲門舞集《水月》，攝影：鄧惠恩。

南十字星：台灣位處北回歸線，恰是南十字星觀測北限，每年 2~6 月南方視野展望良好，且為沒有光害的地點。

頌周夢蝶夫子安身立命于詩禪之境

水滴涓涓增石髮　書攤禪坐瘦風骨

浮生世海夢成詩　錯管秋空飛雁月

二〇〇一年九月十日　壽峰居士　吳黑　敬撰

1. 「增石髮」即象徵佛家之修養定慧也。石髮係周先生之別號耳。詩之第二句是描寫其在台北市武昌街擺書攤維持生計之外，時常就地閉目打坐，冥想詩禪，當時已是「台北市特殊街景之一」。又其外貌有如骨瘦嶙峋宛若一位苦僧的模樣。加上衣食簡樸，居陋巷斗室不以為苦，人譽之為：「今日顏回」。
2. 「錯管」可釋作其耽溺於寫詩之意思。「飛雁月」是指對浮生世景，倥傯歲月，以及孑身似遷雁的漂泊生涯之詩人的感喟！

觀少林武術來台表演引賦之

一葦渡江東道門　少林武術古今尊

禪功觸發凌空勁　打破青衫打斷雲

緣起：少林寺武僧團訪台佛教交流並表演，深為讚嘆而引賦之。時間2004年2月21日於高雄市技擊館，當場贈予嵩山少林寺釋永信方丈惠存。

「打破青山打斷雲」一句，詩系以觀賞表演的感受而咏賦之。此次「少林寺僧團」來台佛教文化武術交流，概括以拳打功夫為主軸，而以「禪武合一」與「氣功養生」作訴， 故不以少林武術分為南北兩大派別，尤其北派之動作豪邁，大開大合，手腳齊發的論點，此節不作文字虛構，而以踢破「青山之詞」入詩，以符當下真實武藝之展現。

讚詠詩人周夢蝶八五歲得一是之聲

風中八五紀君名　點燭蓬萊海慧生

夢蝶須彌曰孤獨　詩如芥子太虛聲

二〇〇五年四月六日　東石漫士　吳露芳　敬撰

後語：

詩人周夢蝶先生民國 10 年（公元 1921）生於河南省淅川縣馬鐙鄉。民國 37 年（1948）投考青年軍，年底，渡海來台。48 年於台北市武昌街一段七號明星咖啡屋騎樓下擺書攤。出版第一本詩集〈孤獨國〉。56 年於台北善導寺與印順長老為皈依師，法名普化。58 年〈還魂草〉獲創作獎。85 年第一次回大陸探親。86 年（1997）獲第一屆國家文化藝術基金會國家文藝獎「文學類」獎章。今年 3 月中旬剛過 85 歲生日，周夢蝶的生命就是詩，一生孜孜不倦，外界的毀譽、紅塵俗世的交際等等，對他來說都不足掛齒。他有一首〈等待〉的詩，等待別人以詩與他真心相會。

註

詩的第三、四句，乃引用佛經的話來形容他彷彿被放逐到紅塵俗世的僧人。進而，襯托出他一生孤苦、顛沛流離。周夢蝶的詩以情詩及禪詩見長，或情思纏綿，或佛理深遠。於是余則爰引「須彌芥子」喻不思議的解脫。「須彌」乃無限高廣的大山；「芥子」則是極小的種子。《維摩詰經》若菩薩信是解脫者，以須彌之高廣，納芥子中，無所增減之哲理啟示來描述他的人生與詩。不可以一言蔽之處耳！

▌追思秦孝儀先生之典範與文采

秦公輔蔣導台澎　寰舵故宮書法精

文膽凌雲彰黨國　孝儀風骨若松聲

二〇〇七年一月十二日　東石漫士　吳靄芳　撰

1. 秦孝儀先生民國 96 年 1 月 5 日病逝於台北振興醫院，渠民國 10 年出生，享年 87 歲。
2. 先生曾歷任兩位蔣總統重要「文膽」，國民黨黨史會主席，故宮博物館長等文史要職，被譽為「國民黨的第一枝筆」。尤其生前擁有一枚特殊方章，上刻「任蔣公文學侍從廿五年」。這枚方章所見證的年代，正是秦孝儀從政歷程最精華與關鍵的歲月。
3. 蔣介石總統發表的政策文稿，幾乎全是出自秦孝儀的手，蔣經國總統執政時期秦孝儀則是在黨史會，故宮的職務上，展現其文史領域的專業與才華，更將故宮文物發展成為舉世矚目的文化重鎮，並與世界接軌，成為各國觀光客來台必經之地。
4. 秦孝儀是傳統典型的知識份子，曾以書法見稱，博古創新，自成風格獨具的「秦體」，每每是門生故舊收藏的珍品。
5. 由於其長年在兩蔣身傍，參贊國務機要，為國鼎鼐良多……「手握王爵，口含天憲」，見證近代台灣巨輻動盪的政治變遷，晚年得以浸淫書法文學藝術領域，渡過平靜安逸的歲月，也應是有福報之人。

——節錄民國 96 年 1 月 6 日中國時報而參註之

伍

溪房題墨，詩心曠古遇天地

敲句紫竹林寺偶成

偏偏翠竹呆黄鳥　花錯春風恨月圓
參禪此去無間道　百丈高僧懷海天（偈句式）

註

百丈懷海：唐高僧制訂佛門清規者，詩乃藉引喻意之。無間道：（術語）二道之一，方斷惑，而不為惑，間隔之無漏智也，舊譯謂之「無礙道」。已斷惑、已證理之智曰「解脱道」。無間道乃前念之因道；解脱道乃後之果道也，因果相俱。俱全論二十五曰「無間道者，為此能斷所應斷障」。

溪房論詩

花燦春風蝶舞長　溪房題墨古文章
桂花茶話羚羊碗　詩傑雄才虎骨漿

羚羊碗：畫有非洲羚羊的碗。虎骨漿：漿液精華也，虎骨漿猶言佳釀耳。

天長地久訪山翁

北斗田鄉過斗南　天長地久吊橋嵐

訪翁嶺上寬心泰　原砌松風是本然

二〇一三年十月四日　東石漫士　吳露芳　撰

原砌：是指以自然工法施工的山居。

友宴日本詩人悠生館奉陪席間引賦

我吟唐調遇知音　伊豆日人橫笛歆

紅酒稱觴南渡客　悠生餐飲是真心

歆ㄒㄧㄣ：音欣，歆慕使人悅服而感動。稱ㄔㄥ ˊ：讀平聲，舉也，敬酒也。

春夜聆賞陳彥好小姐笛子獨奏〈秦川書懷〉一曲甚為感動而賦贈之

陳家荳蔻見春如　風指纖纖按樂府

佼佼好兮天籟引　笛聲跳蕩玉盤珠

註

荳蔻：植物名，有草荳蔻、白荳蔻、肉豆蔻三種。比喻妙齡女郎，如荳蔻年華。白居易詩〈琵琶行〉：「大珠小珠落玉盤」。見讀「現」，意如初春。

題洪根深教授新地《知白守黑》吉廬之雅集

壽山之麓徙根深　元旦新居舊雨斟

知白作銘安守黑　龍泉古寺快猿吟

徙：台音「使」。快：形容快意之狀。

心遣

莊子逍遙遊道家　苦吟賈島月當牙
旗津踽踽風情我　心遣流霞千浪花

註

賈ㄐㄧㄚˋ：音價、駕；當ㄉㄤ：平聲。月當牙：月光當面正照詩人苦吟時的唇齒。
踽踽ㄐㄩˇ：音舉，獨行。

詩人與沙顏

春風天幸拂滄寰　我詠飛魚萬浪間
誰借南灣塑傀儡　眾人卻喜是沙顏

註

傀儡：ㄎㄨㄟˇ ㄌㄟˇ，上聲。

詩緣

吳門東石海霞蹤　自少啟蒙聲韻崇
今日雄州壽峰會　詩緣宛若愛河淙
——叶新韻

參加枋寮分真南方照眾寺慶祝觀音菩薩出家日，詩詠自然心

南演今慶慶觀音　繞境原鄉處處臨
照眾寺中香火旺　人求疪佑自然心

註

原慧深法師在照眾寺為住持，後來轉進內門鄉月惠山禪院之開山住持之因緣。

過美濃朝元寺忽雨得句

黃蝶谷傳奇　朝元寺暮鐘
金剛聽雨夢　風竹自成詩

詩以美濃鎮黃蝶谷傳奇為序，導入停暮訪名剎朝元寺參拜，夜幕見臨，卻下起雨來、山間起風，加上美濃山貌多竹，而吟出第三、四句。

詠梅嶺新釀與王井玄空寺之台灣民情引思

梅雨新嚐老欉釀　楠西柿子照斜紅
我吟峭壁平疇遠　善化遊人玉井逢

聽春天燕來之燕音判世景賦

遇見自然蔬食臨　風花歲月待更新
羅生門上心經在　獨有詩人聽燕音

偶入桃山道隱居

新居守泥作　採菊畫詩題
深隱無空色　桃山道艷迷

仰德大道「林語堂故居」之惟獨惟省記

語堂仰德故居惟　幽默大師有不為

陽明櫻雨記煙斗　眺觀淡水映長思

1. 「有不為齋」係指林語堂在上海時的齋名也。其義引申自孟子所說：「為有不為者，始有所為。」於是台北林語堂亦手書「有不為齋」一匾額乙禎掛於餐廳牆上。所謂未「有不為」者，正代表先生不隨流俗的處世哲學，意思是世上有些事是他不屑做的。
2. 「陽明櫻雨記煙斗」形容陽明山花季之春雨與花季即將結束「飄零似雨的櫻花」之意象，詩以此襯托先生之文采、與人生哲學、幽默的生活風格、並襯托咬著「大菸斗」有不為的風趣生活。
3. 「眺觀淡水映長思」一句：係詩人在故居後園禮拜先生之墓塋，並上瞭望台眺闞西北方觀音山淡水河，深感先生遺囑長眠於此，令人緬懷先生淡泊致遠的典範，猶如淡水印雲天，引發我長思。

寒山寺月光鐘聲

祝山觀日想飛鴻　靈隱遠來顛濟公
天下寒山妙詩寺　楓橋雁落月鳴鐘

◎第四句另式「雁落月圓中」

1. 「月鳴鐘」指每月十五，十六，夜空月亮當圓的時候，寒山寺敲響祈福鐘聲最具「和合」、「團圓」與「安詳」的禪境！
2. 詩以「祝山觀日」和寒山寺「月鳴鐘」乃引托「寒山捨得兩位高僧的「和合」精神，更應珍惜兩岸的和平共榮的鴻運。
3. 「靈隱寺」位於杭州西湖風景區，濟公活佛（俗稱濟顛和尚），在此寺出家成道。

風霜與杜鵑花詠「霧社事件紀念公園」之詩引

風霜霧社義碑嗟　鷹噦英雄筆墨賒
我詠裕山天咫尺　合歡雪退杜鵑花

1. 噦ㄩㄝ「動」氣逆發聲。詩形容老鷹（原住民最崇拜英勇之神的象徵）悲憤叫鳴唳，（漢音於月切入聲應曰）（古詞「鳳噦」引用也）。
2. 與友人出遊前往「霧社事件紀念公園」，於休憩茶話中，要詩人賦一首，論電影《賽德克巴萊》的劇情手法，而成此詩。

海鳥與詩人——作於西子灣

世路崎嶇霜雪侵　人生難得遇知音

詩心曠古遇天地　海鳥空飛日不沉

「日不沉」：乃借喻詩人與海鷗對話，而忘卻日之將盡，能共同領略天地浩瀚的蒼茫與空靈之極妙也。又指候鳥在長途越洋遷徙，像似日不落般。

詠內埔鄉六堆客家之文花園區之精神印記

日和豐穀礱間現　稻梗菸樓耕讀嗟

我詠六堆文化史　碧湖蛙鼓白薑花

二〇一二年十二月九日
（余一家人五名同遊客家六堆文化園區）

1.「礱間」ㄌㄨㄥ ˊ ㄐㄧㄢ，舊時代的「礱」是磨穀去殼的器具。「礱間」是稻穀變成白米的加工廠所，俗稱「土礱間」台語「土 t，礱 la，間 ki」。
2.客家文化園區標題「轉動百年一精神」
3.第二句「稻梗菸樓」：係文化園區的（一）「田園地景區」是六堆生活最生意盎然的寫照。早期客籍先祖來台開墾後，多以農耕為生，善於種稻更是主要主食。隨著時代背景改變，日治時期相繼加入菸草、甘蔗、香蕉、鳳梨等經濟作物。園區規劃0.56公頃的農田，為能展現客家田園的活力，配合不同時令種植水稻、雜糧、蔬果、菸草等作物，供遊客參觀體驗。（二）「烘烤世紀風味一菸樓」為本區主要展館 --- 菸樓亦詳細介紹六堆菸業，係移自高雄的菸樓本灶。（三）「耕讀精神」乃故人庭訓，嗟ㄐㄧㄝ 即讚嘆的意思也。
4.第四句「碧湖蛙鼓白薑花」一句則是文化園區是有靈氣的「地景池」和「景觀池」，以蛙鼓和白薑花引入詩意境於六堆客家之勤儉、耕讀、簡樸的風格內涵特質之頌揚耳。

栗子與人心寓言

信人略略自從容　同徑嵐嵐栗子紅
落木湍流獨浮想　武陵依止盡秋風

1. 栗子屬溫帶樹，須高海拔種方能生果。3-4 月開花結果，成熟產期 8-10 月。梨山福奉農友種之。果狀如刺蝟，內肉子初熟色褐紅。詩哲借喻人心如栗子有刺，欲食得，需有方法耳。
2. 略略：稍有的樣子。詩指古云「信人不疑」但人心終隨現實而變之。※ 亦云「由心相生」故必須加以考驗使能和人善用也。詩則以「略可大方先採用」。
3. 嵐嵐：係指山煙瀰漫的路徑，結伴登山，發現栗子成熟像刺蝟外殼裂開始見裡面那顆之褐紅肉子。
4. 第三句「落木……浮想」詩乃寄謂人生世態，善與惡的激盪耳。
5. 第四句「武陵依止盡秋風」，梨山武陵農場乃淨土仙境之明勝，令遊客有依止不思離之慨！可是人生往往偏又來時不遇，櫻花落盡只剩下枯枝的感嘆矣。
6. 「依止」（佛術敬語）：「依賴止住，有力有德之處，而不離也。」《法華經 · 方便品》曰「若有若無等，依止此諸見。」另言為其心身依止之一切世間事物。

蜻蜓點水與詩禪

人生快意借東風　隔嶺蝶飛千紫紅
吾愛蜻蜓輕點水　萬般世象入詩同

山中遇人稱白目翁隱者寓言

無我觀雲雲幻峰　多心種豆豆生蟲
人生缺憾唯吾愛　老子騎牛杳去踪

註

杳去踪：全無影踪也「杳」國語字典ㄧㄠˇ又讀ㄇㄧㄠˇ今皆讀ㄧㄠˇ（古漢音音讀ㄇㄧㄠˇ，但林中日影始讀ㄧㄠˇ，舉如「林中日影杳杳」。）缺憾：不能滿意者，古文云「人生缺憾遺天地」耳。

南管與柴山物語

棗子樹談蔬食堂　別來不二武禪場
郭髯南管傳人少　莫若柴山猴子昌

註

棗子樹蔬食堂於高美附近。不二武禪場：徐克武先生的禪武不二工作坊。郭髯：郭英泰先生。

等流寓言

等流釣筏渚西南　東石漁翁北斗參
破曉黑湖誰欲渡　笑雲蚵女指輕帆

註

（1）觀北斗星（2）等流習氣如橫渡破曉黑潮之寓言。

等流：一則形容等待潮水魚汛，二則詩乃引佛教「等流習氣」「等流果身」之涵意耳。據唯識論，「等者等因，流者流類也，但言兩者相似，因果之性同類，顧云等流。」又等流果，五果之一。種善因，生善果，種惡因，生惡果，種無記因生無記果。（無記性也）。

等流習氣：二種習氣之一，習氣又名種子為第八識所藏之生果功能，等流習氣為生等流果之種子，唯識述記末曰「自性親因，名等流種。」

諸友嘉誠村長青湖餞別趙野山之成都

返台匝月又相逢　今餞長青湖畔風
亭煮新茶南管曲　蜀回舞鶴論烏龍

匝ㄗㄚ月：滿一個月（漢音札）。舞鶴：指趙野山在成都聞設一家「鶴月軒」品茗茶藝。他的茶禪乃自學自悟，並自稱野山茶嬋也。蜀回：「蜀係四川古國名」，又趙君雖出於台灣，但其父為成都陴縣人，目前家室留在高雄。

日盡、風禪、落葉香

龍鑾潭上白雲驤　北雁飛來墾丁霜
日盡滿州秋色裡　野寺風禪落葉香

註

驤ㄒㄧㄤ：指雲駒也，白雲驤：白雲飛馳如同駒馬般。《六書故》：「馬行迅疾，首騰驤也。」風禪：秋風打禪坐。落葉香：形容墾丁滿州深秋，平時陽光亮麗，忽然轉入秋涼、落葉，帶有南國的香氣。

絕句

北見塔山南見疇　老鷹遣月夜雲頭
名花不解春風恨　詩者江湖亦物流

1. 「老鷹遣月夜雲頭」詩係以老鷹精神來引吟在破曉之前就飛上夜雲上頭，迎接晨曦的出現，又把可愛的月亮送走。
2. 「名花不解春風恨」一句，詩乃借引李白清平調寫楊貴妃與其「解釋春風無限恨」的涵義，則形容名女人只知追求奢華享樂，而消磨青春，而畫下悲慘的下場來寓意。
3. 「詩者江湖亦物流」一句，在形容感嘆時下的詩者多逐流行模式，雖尚言創新，但以呈「物流」化。

無題

屏江白白盡秋草　舉手空書落日邊
不意追尋夜鷺跡　貓空沙域月中天

穿佛吟

海雲小棧一涯天　潮去潮來砂不眠
只是僧人與鷗語　袈裟穿佛絕風耋

訪友話秋

秋風我借入南山　打擾君居落葉刪
紅柿新甜不沾句　獨取老柑相笑歡

訪許伯夷於清歡書院（古體）

尋爾幽居旗尾山　春霏阻路劈嶙關
九溪半渚野翁問　一指兩村養鴨灣
虹使那峰修竹處　闍司此鎖把門難
遞片騷人非惡客　答聲鶴士豁然攀
品茶相見談今世　禿筆單書識古觀
西藏崇山遇奇叟　蓬萊空谷獨參禪
前是名場酒色厭　後來佛道素齋餐
猴子坐肩馴潑性　鳩公啄果悟山年
我吟款款逸風骨　你食青青葉煥顏
懸月高雲話已晏　更期低燕我翩還

泡茶垂釣啟示錄

泡茶渣葉細觀吟　青山新碧一壺湛
江亭十餌二魚釣　獨剩秋風若世心

「二魚釣」代表釣起來的魚大小，隱喻世人對名利與是非之取捨耳。

無約游引歌

君釣春光碧潟耋　大鵬灣筏小魚鮮
屏江白髮求漂木　名剎緇衣弄墨軒
最是一游無所約　且偷半日入林眠
蕭家舊宅竹斟酒　長路人生古井天

書法詩作

巨石濤聲如斷句　蟬衣少女問清淵
孤舟讀釣魚龍月　日鷺遨翔碧海天

西子灣詩間　壽峰吟士　吳露芳　撰書

咏老果農

雪山夕氣幻奇曛　蘋果新紅透嶺雲
六十胼胝古潭月　老農漸崴一柴門

咏老果農　壽峰吟士　吳露芳　撰書

陸

山林誌異綠野拾真——

隨情採掇大自然

山中誌異

綠水奇香包種茶　老僧生火煮殘霞
壺鳴淨几空山出　霧入窗檐立暮鴉

遊多納山村石崩阻鬼盤谷往溫泉不得

多納烏鴉絕嵎啼　雪崩千仞落溫池
石封鬼谷無行處　反向孤橋弄碧漪

旅居雄州遊屏溪出海口發鄉愁

背井離家五十秋　蘆江殘月客生愁
思尋兒戲那潮蟹　踏破他鄉千浪頭

夜上扇平山聞鳥唳

滾滾菨濃奔十流　扇平一夜雨成秋

誰知趕月上林去　鳥唳生生動谷仇

註

是日經六龜遊至扇平山麓時已暝，入路店購食，承蒙店主李讚君好意，引我同上扇平山山林實驗所訪其友，大雨初歇，雨中微吐月色，但夜谷沉之忽聞鳥唳極其淒厲，甚異之亦懼之，雨霽後竟有此奇像，頗不得其解，幸得李君車中開懷談笑，此強烈對比之情景具莫大啟示耳，因而作此詩。

大雪將至——記上合歡山遇大寒流逼至

欲上合歡尋雪行　吹霜問路過松亭

若君不下前山徑　今夜冰封到武陵

鬼太鼓

鬼鼓擂天震地鳴　長簫吹破太幽冥

遺風日本秦時格　富士山魂虎虎生

賞日本鬼太鼓之高雄演出有感記。

相思靈芝

啼燕山中閑散行　遇來老叟採芝靈
問他何種長生好　說是相思最益齡

註

記燕巢山中遇采靈芝老伯訪之。據說採自相思木者為最佳上品。

探望故里舊宅

東石風腥牡蠣村　砧題竹筏盡霜痕
返鄉遊子如行蟹　窄巷拖泥入舊門

註

硓砧石：指的是珊瑚礁岩體（珊瑚礁石灰岩）或其表面十分粗糙、尖銳的岩塊。
ㄌㄠˇㄍㄨˇ也常寫作：「咾咕石」、「咕咾石」、「砧硓石」等。
砧題：粗糙銳利的硓砧石，如筆似刀在竹筏上題劃出歲月的痕跡。

鳥噪歌——遊不老溫泉偶成

空山雲乍起　物外不移心
筆墨咨真性　何吟鳥噪林

自嘲寫詩

風翻葉落碧雲天　白露赼行淺水邊
詩思宛如風信子　空飛半日落泥田

註

古字「赼」同「趑」注音讀音：ㄗ 走。形容白鷺鷥在水邊覓食時，且停且走的樣子。

澄清湖春曉

天貌彩虹人貌眉　澄清湖畔畫樓曦
遠山入眼嶙峋氣　呼吸春風無限奇

征大霸尖山－贈山友之作

大霸尖山風碎崚　雲飛穿隙石呼鳴
劍崖懸命征峰頂　細雪飄颺啼落鷹

寄我

花紅正艷看山淡　綠野春濃雲貌輕
莫怨人間情易變　山川有愛養心平

古道探索

八通古道盡荒蕪
千嶺雪封草蔓途
父子斷崖鷹帶路
風寒帳裏夢星圖

垂釣雜興

竹林池畔釣銀鱸
蟲餌一盤三片藷
不曉垂竿亂拋線
忽聞淺草得蟾蜍

明生廬夜敘

紅塵滾滾說人生
酒鬼醇香匆盡傾
留得微醺聽絲竹
也風也雨是詩聲

淨土紐西蘭之行

皚皚羣峰碧鏡湖
牛羊犬飼野芳蘇
秘境奇灣勝巫峽
呑雲客棧想歸無

烏鴉之笑

烏鴉叨嘴罵蝸牛　石瀨崎嶇白水湖
怎樣龜鴉有烏字　縮頭你倆我焉無

註

烏鴉笑蝸牛，烏龜縮頭，自己雖有「烏」字，但不縮頭。

土焉生德賦

落花凋露土生豆
竹筍春雷地發枝
創造懸疑世中事
愚人智者皆空倚

蓋落花生而成土豆、筍破土而成天竹；一是空而實，一是實而空。愚人與聖人若皆無貪而空焉。一以厚生，一以慧生，皆謂德也。

再訪來義峽谷原住民老友

去年作客月低迷
今訪葡萄美釀攜
還記山嵐跳猴石
君家傍在碧山溪

咏嗑搖頭丸狂歡舞

勁舞狂歌霹靂音　五光雷射夜森森
流金歲月自年少　不到春凋不死心

作客梅熟時

萬嶺何緣作夢鄉　春潭水語客思長
舊園梅熟新醅後　燕子匆匆相送忙

註

醅 ㄆㄟ沒濾過的酒。

炎日種山者

瘠土老西風　番椒血碣紅
憐君揥雨種　苦養廢山容

註

記燕巢山月世界。

清境廬山溫泉遊記

明日茶香勝羽觴
廬山浴月玉瀧湯
白雲清境青青草
親子欣欣戲牧羊

鄉蓁歌

微微小雨下天河
一草衰衰一露何
漸行漸解春風裡
凌霜止境鄉蓁歌

1. 鄉 ㄒㄧㄤˋ。通「向」。從前、往昔。
2. 冬日遊香光寺見鄉村山野、讀佛語悲智行解後而賦之。

癸未元日有感偶成

竹世空心石嶺蒽
飛魚有翅逐潮風
流光燮燮交人氣
蹴踘爭場昬日同

1. 燮：音ㄒㄧㄝ ˋ。
2. 蹴踘ㄘㄨ ˋ ㄐㄩ ˊ 一種古代踢球遊戲，類似現今的踢足球。

信有異錄

羊腸小徑覓奇峒
老輩傳言有玉鐘
蝙蝠夜飛人裹足
深山主宰是秋風

裹足ㄍㄨㄛ ˇ ㄗㄨ ˊ 裹腳。喻指停足不前。

竹露詩聲賦

克爾詩心歲月長
叮噹竹露自清揚
奔奔濁水滾烏日
雄辯之言少履疆

登鼻頭角感懷

凡夫遍計自身看　忐忑人生願未完
登岬聽風千浪起　沙鷗博我海天寬

憶溪墘厝村舊日

舅父埕中閑鐵耙　牽牛結索是黃麻
畚箕曬得千田籽　韮菜開花驚逸華

咏公職巡山者

父子斷崖千澗深　雲山亙古藏奇珍
盜林偷獵無時在　飲露餐風巡職人

註

藏ㄗㄤˋ　仄音。

西子灣望海兩岸風雲而引賦之

滄淼風雲海峽前　聒鷗噪鷸剪行船
天涯應有浩暘日　蓬島何無國靖年
黑水蛟潮分兩岸　金門虎礮撼三邊
延平戈艚成陳跡　統獨新愁似重淵

鹽夫

鹽田白鷺飛　日澹背算歸
曝海成乾雪　清寒宿片扉

靜夜海

旗津日墜西　鼓嶼鳥飛低
海上無風信　空舟繫月梯

冷情谷行想——遊三地鄉海神宮記

小袋裝來小米糕　溯溪彳亍像岧嶤
冷情谷裡風花落　世路蹉跎不夢橋

岧嶤ㄊㄧㄠˊ ㄧㄠˊ 亦作「岧嶢」。亦作「岹嶢」。高峻；高聳。
彳亍音：ㄔˋ ㄔㄨˋ 指緩步慢行。

詠九份舊礦山繁華新夢

九份繁華礦採完　悲情歲月黛眉間
今嚐故典粉圓似　八斗漁翁望海灣

見白鴛鴦——遊大社鄉桶寮村嘉誠山莊作

粗衣步履踏殘霞　迤邐尋來奇石家

餐月嘉園碧山裡　鴛鴦稀有白翎花

第一句原以寫實作為「三人一駕野殘霞」係與薛水原、薛圭流兄妹。

迤邐一ˇ ㄌ一ˇ，曲折綿延的樣子。

有約雨阻拉拉山

東眼山中北樹衣　聞鶯霧谷客相思

巴陵此去漫漫雨　知君望斷是同時

樹衣：長在樹上的青苔或寄生。

神木逢君望斷時一第四句若以格律體為之，則失詩之妙趣。

山中新雨初驍作——遊拉拉山作

藍月詩心星有語　山顏天諭正春臨
十三窟取清涼硯　薄紙文風晴雨林

註

諭：音ㄩ丶。第三句：山洞取奇石作硯，甚趣耳。

參加高雄市彩墨畫會奮起湖之旅

彩墨之遊奮起湖　老街采古食粢糊
畫家更識山鄉味　卻怨飄飄落筆無

註

粢ㄗ：泛指穀物。

說滄波

虎井西潮九浙渦　姑婆嶼燕北洋梭
別來生計行船苦　促膝長談滄海波

註

浙渦：係以浙江潮之借喻耳。

畫家與旅人——偕高市美術推廣學會旗后中洲寫生之旅而作

用筆赤心沾碧霞　中洲取景問船家
旅人嗜食秋螃蟹　君彩紙鳶搖海涯

春日南灣即事

正月農莊好事留　叮嚀家小爌窯頭
南灣魚叟攜春酒　海悅長風送客舟

詠烏來瀑布溫泉鄉——甲申年十一月十五日參加高雄市國際美術交流協會烏來雲仙樂園之旅三日

名勝烏來烏到懸　流籠古夢上雲仙
銀川直下漩瀧谷　楓月情人風呂泉

註

風呂：係日本洗溫泉的名稱，亦隱喻烏來溫泉，自日據時代即負盛名。

怎吟杜鵑櫻花先後艷　（古絕）

吐信櫻花在武陵　杜鵑正艷澗邊亭
香奈春雲野山過　曖昧詩心驚鳥鳴

立夏忽晴忽雨鵝鑾鼻望海作

蘭嶼黛遙浮海天　掃空斜雨燕鷗翩
千濤有話珍珠夢　薄暮天涯嬋月懸

註

嬋月特用之，不避韻。

秋嶺耽遊夜記

秋山煮茗帳前風　漫指星圖射手蹤
天趣瑩瑩啟人竅　詩心曠盪自從容

註

第一句：逢露營者相邀品茗談天。
余十一月出生屬西洋星座之射手座。

鹽田蟹詩——鹽帶文學側記

物換星移埋古書　詩人脫口動情初
我吟遠遜鹽田蟹　烈日鹹風歌海隅

斷訊

知音斷訊坐山亭　彷彿秋風最有情
獨佇繽紛落葉下　斑鳩枝上卻長鳴

遊九寨溝奇觀何問賦

九寨溝奇世上稀　雲峰海子盡琉璃
蒼穹雲鼎形霓幻　落下春霖作瑤池
樹正湍磯奔燕馬　珍珠灘上笑峨嵋
友來問我何無句　默坐聽風即是詩
最訝新枝生激澗　悠然阡步碧芳怡
白髮老媼轉經日　鬼譜藏青歌舞時
多情敬君一杯酒　卻說阿壩族人移
鳶叫禪潭伏虎夢　汝觀諾日吼瀧馳
山花燦爛入秋序　鏡月空懸邈漢期
千般造化如仙境　罔極非色曠古遺

1. 九寨：因溝中有九個藏族村寨而得名。風景區內有雄偉壯觀的三大瀑布；珍珠灘瀑布、諾日朗瀑布、熊貓海瀑布，一百八十個高山湖泊及數十處流泉飛瀑等景觀。
2. 淋漓：河流湖泊甚多，代表景色淋漓盡致。
3. 海子：源於蒙古語，指湖泊水潭。
4. 燕馬：指漢代出土「馬踩飛燕」國寶。
5. 伏虎夢：意指老虎海這座湖泊傾洩而下形成樹正瀑布，站在其下可聽見水聲宣洩如夢似真、似虎嘯般禪淨。
6. 諾日吼瀧馳　諾日：指諾日朗瀑布廣大壯闊知如急流奔馳的水。瀧：急流的水。
7. 阡步：溪間小路，古文：林阡
8. 老媼ㄠˇ：音襖（又讀允或郁）指老婦人。
9. 邈漢期：遙指美麗的九寨溝在先秦時期，是少數民族氐羌的聚居地，漢代平「西南夷」，置「甸氐道」，九寨溝地區才開始進入中原王朝的統治體系內。

初嘗梨花蜂蜜歌

太魯谷行千嶰深　武陵幽境老農心
梨花蜂蜜高山馥　養我靈思舒肺金

莫小覷河堤詩客

李白蘭醇杜甫腰　文人自古領風騷
河堤詩札西彎月　舊韻新聲字字敲

註

蘭醇：蘭陵美酒。
杜甫腰：杜甫〈絕句漫興〉九之一，詩日：隔戶楊柳弱裊裊，恰似十五女兒腰……。古人多以楊柳來描摹美女。

白河荷野行吟

莪莪詩想白河濱　格律文章滌古新
八月雨晴焉燠熱　荷花斯土悅風人

1. 《詩經．小雅》「菁菁者莪在彼中阿，既見君子，樂且有儀。」莪音鵝ㄜˊ。
2. 燠：暖也。
3. 〈風人〉：「言志風人」也就是詩人。古太使陳詩以觀民風，後因謂詩人曰「風人」；「斯土有情，見芬芳」乃風情雅事耳。

寫小半天、棋盤石、千丈崖與杉林溪奇谷組曲

杉林溪崁斷崖懸　卦峽傳奇小半天

雷鳥空遺人止境　留龍頭幻七霓仙

1. 留龍頭：原指日據時代以架設流籠運木材的山頭。係往杉林溪途中之一山峽景點。
2. 七霓仙：指山谷中晨間煙霧幻出彩虹奇觀。
3. 雷鳥指中生代之始祖鳥之簡稱，以象徵 921 大地震，彷彿遠古時代火山爆發，山川巨大的浩劫創變之狀況，其所遺留下的洪荒地貌一般，舉如松瀧岩瀑布、天地眼、凡人止步之境。

竹樊塔、詩人、風物

五月鳳凰紅半天　竹篇樊塔坐詩人

石堅荏苒風霜過　枯樹浮雲也是春

遊泰安鄉橫龍部落之夜

錦水鋒迴山吻泉　泰安觀止古天川

橫龍部落初過雨　夜杵麻糬搗月懸

錦水：古客家人叫滾水（即溫泉）。過讀平聲。

三月初一花過上陽明山作——臨王陽明先生塑像之側山麓有一株被颱風吹倒百年老樹，並添設新景點

百年臥樹低頭過　三月客來花謝亭

怎嘆陽明空立春　詩人不詠八重櫻

「壺穴吊橋」之興嘆

貓空秘境古傳奇　小半天藏千級梯

雷雨欲來詩客訝　新名壺穴海龍疑

秋初夜遊左營蓮池潭孔廟即景（拾得篇）

半屏山月半惺忪　孔廟飛簷上秋空

萬仞宮牆吟詩客　不知夜鷺誤魚踪

早出南衡霧鹿峽谷六口溫泉

花賞山間早鳥鳴　雲煙擁我自由行

溫泉六口好舒足　霧鹿川崖鬼斧驚

澎湖島嶼六月炎暑遊記

澎湖夏艷天人菊　蒔裡白灣帆手征
玄武奇巖桶盤嶼　南星虎井古沉域
遙思七美千貞節　石滬雙心一賦聲
難得漁翁風茹草　來杯炎燠解神清

1. 「天人菊」：為澎湖縣之縣花，故美稱「菊島」。查天人菊花期甚長，從春天到秋天。這段期間，在島上野地遍地隨海風搖曳紅艷生姿動人，自有獨特風情。
2. 「蒔裡白灣」係澎湖最大最出名的海水浴場，與海上各項活動，是令人懷念的地方！
3. 「帆手征」：指帆船賽，有小帆一選手操作，有大帆兩選手操作，並乘風破浪的競爭之豪爽美景。
4. 「玄武奇巖桶盤嶼」:是古代海底火山造成柱狀玄武岩奇觀，島嶼以桶盤狀為名，已列為世界地理奇觀。
5. 「南興虎井古沉城」：據傳虎井嶼海底曾發現類似古沉城殘跡。詩則以南海上的星星也知曉此遺跡。另之桶盤嶼、虎井嶼、七美嶼（雙心石滬）都在澎湖本島之南端也。

夏暑遊澎湖目斗嶼燈塔吉貝嶼沙尾偶成

燈塔目斗嶼　漁舟釣海天

吉貝長汕尾　明月最近前

1. 古絕體。
2. 「吉貝長汕尾」當地叫做吉貝沙尾，詩為一般讀者不了解「沙尾」，故以「長汕尾」入句之，蓋「汕尾」漢音善，係指海岸沙灘漁民以網捕魚，古稱「牽罟」之地方，舉如台南市西沿海南鯤鯓地方有漁村「北汕」、「二汕」、「三汕」者，又廣東省澄海縣東南地名「汕頭」，現代已成大陸名港口。於是詩境即以對此「長汕尾」與明月最近前的聯想。

遊太平山憶

鳩之澤上啼　白嶺見晴霓

巨木滄桑盡　太平照月梯

1. 遊太平山憶伐木滄桑歷程兼夜宿，驚見雲端照下月梯記。
2. 「鳩之澤」，（一度改名仁澤，今換原名）。白嶺（係午後常見白色雲霧罩頂得名）見晴、中間、土場，等皆日治時代由太平山伐木運輸下山路線站名也。

花東縱谷遊六十石山之忘憂歌

六十石夢焉稱山　花東縱谷一奇巒

中央山脈白雲驪　八月金針花滿山

1. 花期八月至九月底。
2. 驪音離亦作梨。本詩採歌謠體作之，故第三句第七字讀詩格律應作「仄」聲字，然為歌謠之輕快活潑，意象自然且明麗，特用屏聲的「驪」ㄌㄧˊ字也。兩馬之奔馳曰驪，喻偌大山雲狀矣。同時具有驪歌初動之情愫也，亦聯想古代驪山老母之仙境耳。

遊花東形勝時空殊異吟

花東縱故迤逶行　鹿野溪洲皎月昇

石器滄桑千萬載　八仙洞窟海雷聲

長濱之八仙洞，海雷洞等原始洞穴群乃屬舊石器文化先民遺址。太平洋海濤聲傳進洞中竟如雷鳴也。（鹿野溪流入卑南大溪，從台東出太平洋，八仙洞屬花蓮縣東海岸路線。）迤ㄧˇ 逶ㄨㄟ：曲折蜿蜒的形狀，（漢音椅 · 威）逶行：有委自任行之意（若如遊歷巡訪）。

詠龜山島野百合花

冷露之曦鷗艷陽　龜山百合笑汪洋
風花聖潔一孤島　月挂天涯羞皓光

註

野百合花乃是原住民最歌頌聖潔之象徵。皓ㄏㄠ 丶 漢音「浩」、「賀」如皓月也。挂：掛簡字。皓光：月從太平洋遠方昇起。

遊塔山途中迷春雨宿民舍罕池記

衣物臨行不備時　匆匆嚮往塔山行
幻虹千谷迷春雨　夢竹詩人宿罕池

春雨旅宿山上人家宴後二十人圍煮花茶小酒之敘

鵜公髻過岳春濛　山上人家煙雨中
寒夜飄颯煮花酒　晨曦雲海幻千峰

冬湖巡禮——澄清湖青年活動中心露營區記

何人吹笛暮冬亭　遠處林間營火昇
野鴨不知湖水冷　枯枝銀日鳥無聲

落櫻太麻

知白一詩家　追煙上太麻
金針花未發　雲頂落櫻花

訪台南縣鹽帶文化與廢止鹽田回顧

七股潟湖騷客巡　北門鹽帶廟鯤鯓
洪通絕世素人畫　白鷺空啼鹽廢耘

美哉台灣

合歡嶺上石門山　雲海散飛仙女般
呼吸瓊天太平氣　奇萊八表美台灣

註

合歡山主峰分別為東峰、石門山、西峰、北峰等五峰，對面是奇萊山以及能高山、八表碑，更眺望玉山等中央山脈諸岳，是台灣屋脊之奇觀。

紫岩山莊

古剎紫雲嘉義東　半天嶺上柿秋紅
城人不識山煙貴　木屋鶯啼尉客松

1. 半天雲紫雲寺「古蹟巡禮」位於嘉義縣番路鄉，峰巒捷秀， 景物清幽。清康熙二十一年有老僧 覺豐禪師經此探曰：「此勝地也，宜為蘭若」，於是披荊斬棘、闢蓬萊。
2. 結茅其間，供奉由大陸帶來之觀音佛祖金身。老僧每於晨間，遠望此境高接雲天，遂取名半天岩，又以山間常見紫雲繞寺不散，乃取名紫雲寺。
3. 山煙貴，是言山煙之可貴耳，可滋育半天岩係阿里山山脈邊緣，峰巒延伸起伏，至半天岩後山勢陡升，極為壯麗。今行車山路，見滿山滿谷遍種柿樹，農曆九月中旬，每樹累生之紅柿，非常動人。
4. 尉客松：形容蒼翠雄壯之松林，好像上尉軍儀般護衛來客。

梨山訪戚遊

梨山訪戚德基觀　蘋果累枝還是酸

快趁花晨武稜道　稀吟鮭吻七家灣

1. 梨山劉敦修親家果園，可俯瞰對面的德基水庫。梨山的蘋果在農曆清明前開花，約 17~18 天結果，10 月採收，因品質不同，收成期 7~11 月。
2. 訪二女兒婆家務農於梨山上，蘋果樹初結實累累尚未疏果成熟之時。

惠蓀林場養身聰

千山疊翠雪雲峰　橋詠神仙島月空

溪曉關刀洄九塹　惠蓀林氣養身聰

二〇一一年八月七日，作於蕙蓀

夜看〔霹靂台布袋戲〕偶成

星稀夜靜看何視　凡聖情仇笑共存

霹靂干戈掌中戲　詩人吟兵甲龍痕

冬至遊台北三峽滿月圓森林遊樂區偶成

老松樹下病松鼠　是你好心餵豆粟

半月謠霏饑又寒　插天峰外霜冬至

二〇一二年十一月十六日　東石漫士　吳露芳　撰

1. 一押新韻
2. 老山友來寒舍茶話敘舊，談起二年前同遊台北縣三峽滿月圓森林區所作的詩，僅為紀念。
3. 「插天峰」：係指北插天山，可由滿月圓森林區登山步道上去。

李子山誌

李熟鳥知津　幾稀顆向辰

山翁恨多雨　亂石怪生春

二〇〇七年八月二十四日　東石漫士　吳露芳　撰

1. 本（八）月之中台灣連續經過帕布、梧提、聖帕三個颱風的侵襲，除了狂風暴雨之餘，自從八月六日起至八月二十二日雨勢不斷，二十三日雨似歇夜茶與友聊天，席間余吟舊作〈李子山誌〉五絕句以應景舒懷，友言之何不亦予上網分享之。
2. 「亂石怪生春」：係形容山中久雨，李子園錯落本是光禿禿的大石小石卻奇怪地長出稠密青苔的意思。

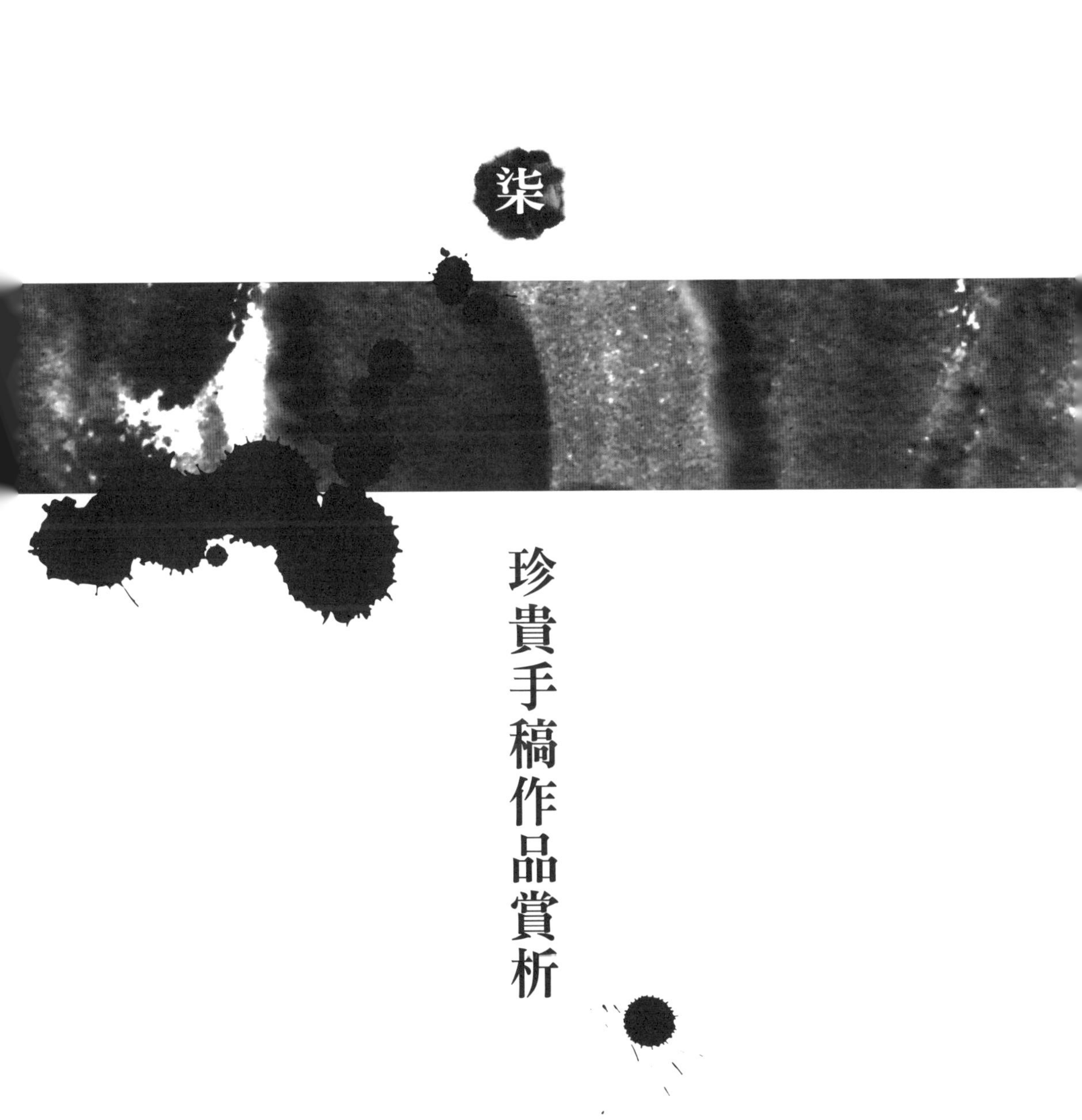

柒

珍貴手稿作品賞析

年輕時期畫展與素描

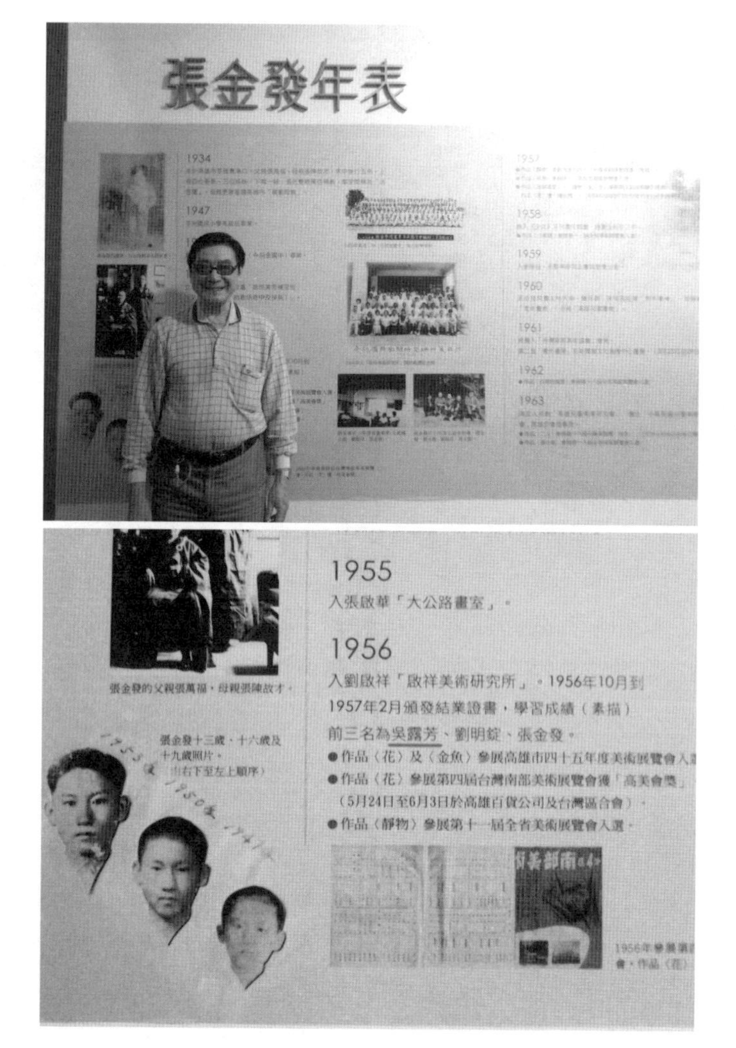

劉啟祥老師的美術研究所：青年時與當今畫家張金發同入〔啟祥美術研究所〕，並以首名入選。

2005 年
友人

2005年11月
水墨烏鴉

2005年11月
水墨速寫

1977 年 5 月
拾荒婦人

1977 年 6 日
嬉皮

1977 年
大女兒

1977 年
小女兒打盹

1977 年 6 月 14 日

外國小女生

2005 年
雙人舞

1977 年 3 月 20 日
母親速寫

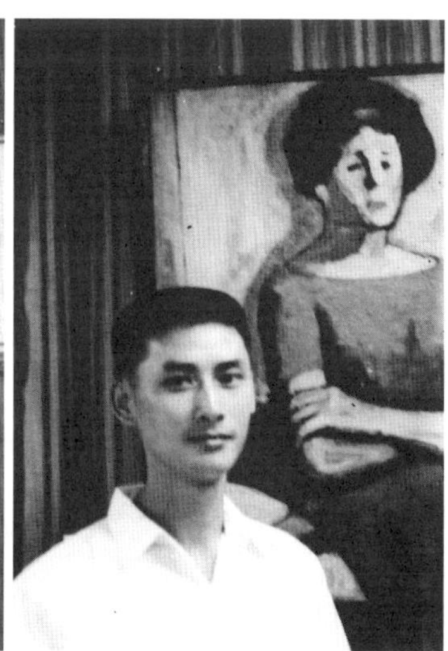

1973 年（民國 62 年）
於高雄台灣新聞報聯展

手寫鋼筆字詩稿

欣讀《萬物相蘊》陳冠勳雕塑個展之啟示

萬物開天已相蘊

冠勳雕塑誕新魂

古今藝術無常有

惟爾突知拙愛憐

东石逸士 ○○○

2018. 6. 8. 於正修藝術中心.

拙愛憐：不完美樸拙的風格，令人百看不厭！（如東方的道學）

誕新魂：誕生，另出一種新生命，魂魄的一種特殊的作品。

新生命的　很

拙愛憐

賀2017藝術才情—正修教職員創作展

正修今慶藝文展
教職切磋如劍盟
九曲橋聽飛燕子
陶然創作盡才情

東石漫士 吳露芳撰之

公元二〇一七・六・廿一・作於
澄清湖陶然亭

賀佛光緣美術館昇格正修科技
大學時尚生活創意設計系師生聯展之詩序

藝思一碗十字星
時尚意遊嶺田味
正修科技美至善
佛光山麗菩提亭

東石淡士 撰

公元二〇一八・六・廿四・稿

欣賞《文心墨意》康維訓書法個展此其心法有感

正修科技康書法
驚展文心瘦墨新
磨月鵝池古風範
流光現代創精神

東石漫士 ○○○撰
2012.5.4.

賀十大學校長聯展——校長的藝想世界之詩說

十大樹人名校長
文思藝想展澄湖
怡聽養拙憑天趣
半輩生涯揑作壺

東石漫士 吳露芳 敬撰

公元二〇〇七、四、十三、

後註：展出者：

歌詠正修科大藝文處策展Couple藝術對話之
詩想

新紀台灣展對話
夫妻藝術更清新
杜鵑春夢玉山雪
燈塔詩人目斗吟

東石漫士 吳露芳 撰

2018. 3. 2. 於正修藝文處畫廊

《附註》

一、目斗嶼位於台灣海峽之澎湖北端，係國際航道組織管理之重要燈塔也。

二、本詩稿贈予參展人，謝其昌老師惠存。

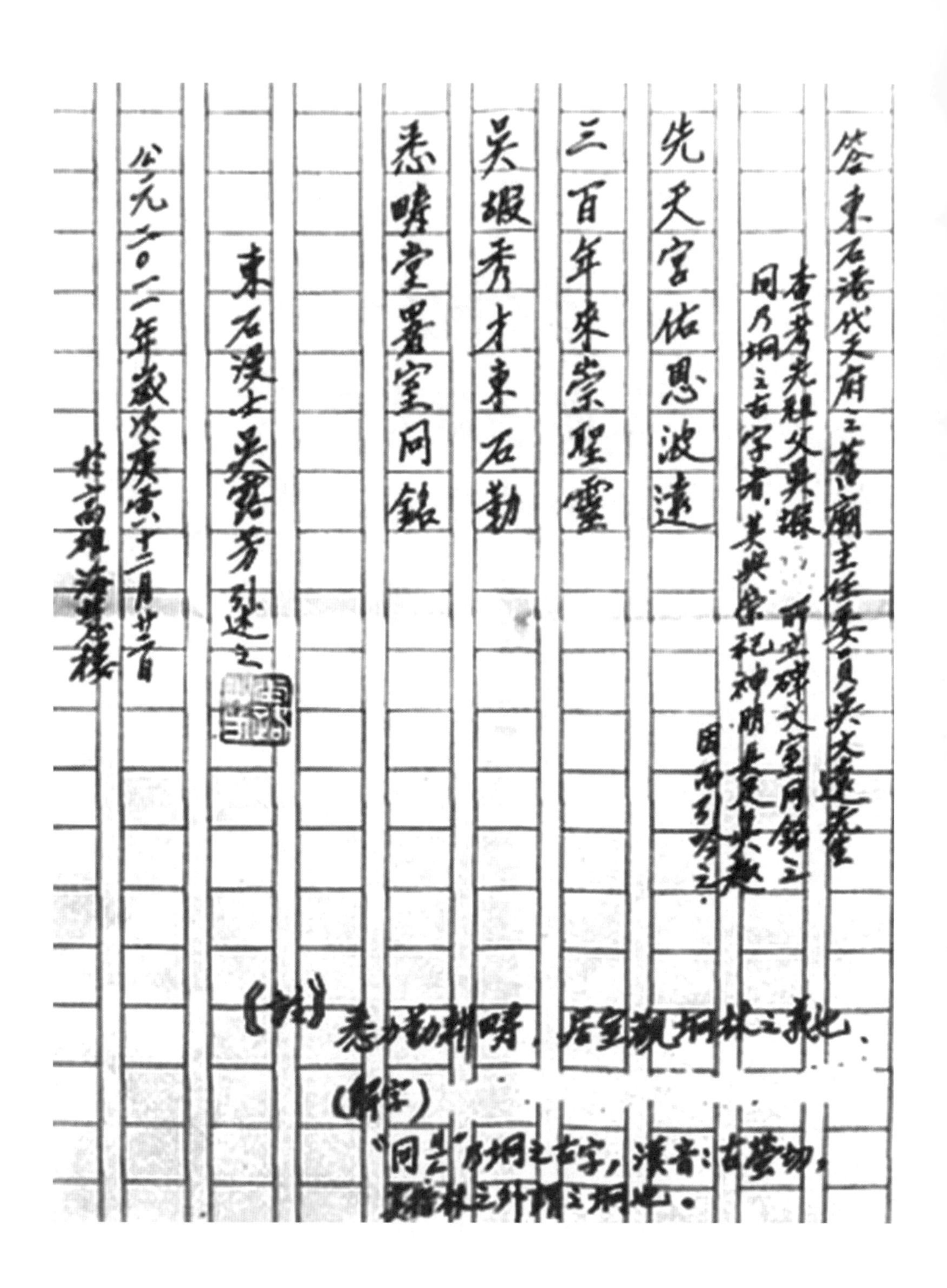

答東石港代天府之舊廟主任委員吳文進鑒

本詩為表祖父吳瑕所立碑文室冋銘之
冋乃坰之古字者，其與祭祀神明長久與其不懈
因而引吟之。

先天宮佑恩波遠
三百年來崇聖靈
吳瑕秀才東石勤
悉曉堂置室冋銘

東石漢士吳碧芳烈述之

公元二〇一一年歲次庚寅十二月廿日
於高雄海軍總樓

【註】悉力勤耕呀，居室觀坰林之義也。

（解字）

"冋"為坰之古字，漢音：古螢切，[illegible]林之外謂之坰也。

創作專題五人先
雲淡風清華上天
台灣水彩歌行者
江洋舢舨月未眠。

詩人吳黑作

2019.3.8.於正修藝文中心

※歌吟《雲淡風清》台灣水彩行者專題集展

「詩註」"月未眠"一句乃形容天空同時有太陽和淡月奇觀。（係於在月朔時的現象）。詩特以日月同輝，來歌頌台灣水彩行者應有本土風格，並呼應五人先、華上天、歌行者、月未眠之哲思也！

歌詠《蒼茫無垠》加拿大與澳洲國際版巡迴展

於高雄正修藝文中心展出誌之

正修大學藝文賓

國際交流年樣新

加澳兩邦巡版畫

蒼茫有志竟無垠

東石逸士　吳露芳撰

2014. 9. 19.

滴水坊

Water Drop Teahouse

東石溪橋憶少時
獻友同鄉正修師
藝文知交求我字
八二荒筆彈塗魚

答求字帖

東石漫士莫黑擬

公元二〇一九．六．十六．

試寫於南屏別院滴水坊

一碗慈心粥，勝飲人蔘湯；一杯清和茶，勝喝瓊玉漿；
一口菜根香，勝嚼酒肉飯；一念思無邪，勝辦滿漢餐。
《佛光菜根譚》

九寨溝景世上稀
雲峰海子盡琳漓
天霜寶樹那覓仞
落下春霖作珠池
樹正瀑磯[illegible]馬
珍珠灘上笑娥眉
友來問我何無句
默坐聽風即是詩
轉經老嫗金剛日
縱古藏人綵色旗
文殊州叁潭禪梵寺
客爭諾日瀧馳
花嬌秋燦五彩序
鏡月空飛獨映湖
最見一枝生逆處
閒山川百步語芳怡
千般造化如仙境
匯色非空勝法造

吳霽芳作

黃龍

知川雅也

P#1

壬辰年八月廿三日與聞名中外藝友詩豪油画家陳顯棟由台北返回睽別四十年第二故鄉高雄敘舊，余陪同作尋憶一日遊之詩札

食草雲朋上竹林
舊城懷昔巷中尋
蓮潭若鷺語秋暮
往事咖啡燈塔斟

東石漫士 吳露芳 撰

公元2012. 10. 8. 夜起稿

後語：

陳顯棟夫婦於10月6日從台北搭乘遊覽車南下佛光山參加『中華民國一百年一百位画家联展』開幕活動二天。於10月7日晚上由其學生画家許一男親自開車去佛光山接陳顯棟夫婦趕回高雄市區下榻華園大飯店。翌日10月8日上午10時約余飯店見面敘舊之。中午由我兒子孟璁開車和我內人一起陪同陳顯棟夫婦等五人至林森一路《上竹林養生食草館》之專室用齋膳，席上陳顯棟非常想去探望曾經住過長達10年以上的左營区舊城裡面軍眷村，和憑倫閒垂釣的蓮池潭。於是餐後下午二時許，五人一部車駛經繁華交通擁擠市區，而直達左營龜山舊城，並進入城內已老舊軍眷村逐巷尋找四十年前他曾經住過的房子……突然陳顯棟指出一處側巷中一道漆紅色木門凝視緬懷不已呢！然後又繞了整個軍眷村探望巡憶始出了城……又轉進孔廟下車，

P#2

我即陪同陳顕棟夫婦，一齊走進泮宮門參觀巍峩斯文的孔廟，林木葱偉的庭園…… 散步到《萬仞宮牆》前堤的柳岸石凳坐下或移步瀏覽那廣大水波粼粼又清澈的蓮池潭，享受秋涼氣爽風光，更興盤旋啼鳴的白鷺對話，一時何等地愜意自如呀！陳顕棟特指出從前獨自垂釣難忘的時刻……同時，感喟因從事多媒材，色彩，形式的研究，前後廿年致使自己睽違第二故鄉左營四十年矣！

頃刻間不意殘陽漸沉西山… 卻驚訝眼前盡是一片秋霞斥映湖光山色，更加襯托出彷彿海上蜃樓般的玄天上帝神像、春秋閣、東南帝闕、龍虎塔、龜山、舊城如夢似幻奇景呢！

我們沉醉美景而留連忘返，當夜幕四籠之際，我们轉赴 塩埕區漁人碼頭遊玩。 我们參觀曾經名列世界第三大的高雄港風光，瞭望一水相隔 南邊旗津半島，西邊港口西子湾… 此時陳顕棟卻沉思着，且回憶着並斷斷續續說出民国44年前後3年曾在離島澎湖馬公中学任美術老師涯遠歷史呀！於是在咖啡座我倆舉杯向旗津山上夜空閃亮的燈塔敬杯！

晚餐陳顕棟堅持回請客《地中海·巴薩諾西餐》之後，在晚上8点左右 方送陳顕棟夫婦赴左營新站搭乘高鉄愉快賦歸台北。

P#3

附記：

陳顯棟民國19年(1930)出生於海南島，38年隨國軍來台。44年考入復興崗藝術学院畢業後，任海軍第二軍区美工官，同年調澎湖軍区美工官，兼省立馬公中学美術老師，為時三年。46年調回左營海軍司令部藝術工作大隊美工官，並任教中学美術老師。57年自軍中退伍，同年遷居台北，再進復興崗学院補修学分，改發教育部文憑。

另則重要画展活動是於52年8月所舉辦「第五屆南部友聯画会中外聯展」於高雄新聞報画廊隆重展出，參加者吳露芳、陳顯棟、孫瑛、謝茂樹、許輝智、黃潮湖、曾培堯、蕭勤、楊志芳、李元佳、霍学剛，及歐洲當代画家比卓·卡兒、代拉民等多位一齊盛会展出，是台灣首次引進西方作品展現於國人的創舉也。

※有關陳顯棟進一步資料請參閱下列網站…

詩註：

第一句「雲朋」一詞，古時便係形容雲遊五山五岳訪友的高人逸士。詩則借喻詩人、画家之訪遊耳。

越花雲（詠九寨溝之美，五排律，人間仙境也）　十八句排律

九寨溝奇世上稀，雲峰海子盡淋漓。
天霜寶鼎形霓幻，落下春霖作瑤池。
樹正湍磯奔燕馬，珍珠灘上笑娥眉。
友來問我何無句，默坐聽風即是詩。
轉經老媼金剛日，縱容藏人絳色旂。
鶯叫詹潭禪虎夢，客爭諾日知瀧馳。
花嬌秋燦歲秋序，鏡月空懸邈漢期。
最見一枝生瀲嵋，悠然阡步碧芳怡。
千般造化如仙境，匪色非空曠古遺。

民國九十五年十一月十八日手稿
（公元二〇〇六年）
露芳

淋漓：代表景色淋漓盡致，河流湖泊甚多。
海子：藏人稱山上湖泊，大海是海母。
寶鼎：指達戈神山4300m、色莫山4130m等大岳聳立。
樹正群海、犬瀑布
珍珠灘瀑布
燕馬：指漢代出土「馬踏飛燕」國宝
九寨指先早藏族部落分佈
九處
知：指智的意思
詹：藏人古言上師坐在花虎海以故事，念佛聲，猶謂潑潭
諾日朗瀑布，諾日：恰似精進，天行健，君子自強不息之意
鏡海看新月如印象
阡步：漢嵋小路，古文：林阡
媼：音拗（老婦之代名詞）
絳色：音降（借音貢），絳旂：指藏人宗教彩絵，唐卡等彩色旗幟
匪色：匪夷所思的景緻（色相也）（色）非空，引人對造物神奇之嘆也

遊九寨溝作排律詩十六句 就中摘併七律一首

凌天雲舞形霓幻
落下春霖作瑤池
樹正湍磯奔燕馭
珍珠灘上笑娥眉
友來問我何無句
默坐聽風即是詩
最見一枝生激澗
悠然所步碧芳怡

題「激澗行吟」

新穎紙品

攝影作品賞析

母親與貓

二女兒與小提琴

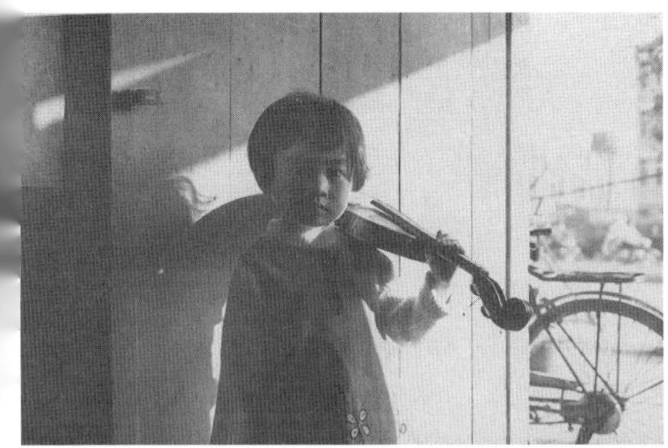

孩子的天真歲月

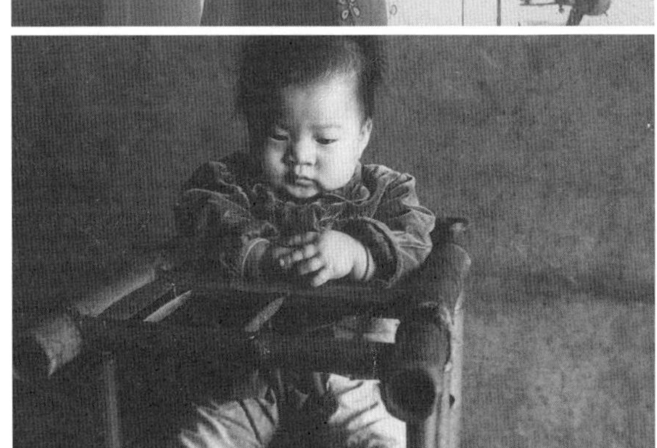

竹椅上的小女兒

高雄市大同國小教室外遊樂玩耍特寫

註

1971 年，民國 60 年間，精彩的生活攝影記錄。

顧問

八方藝術學會顧問

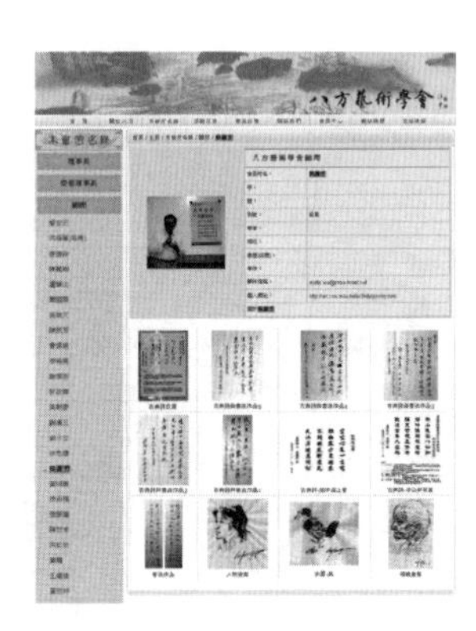

中華文化生態博物館永久顧問

聘書

CSKTW

CERTIFICATE CCLA & IC ACADEMY

尊敬的吳露芳先生：感恩您受聘為
本會籌建中華文化生態博物館建館永久顧問
眾望所歸。
感謝您無私奉獻，指導本會會務進行，有效
協助推動中華文化生態博物館建館工程，一
起弘揚中華文化，傳承台灣人文、道德社會、幸福家庭。
此聘

理事長 陳盈金
中華文化生態博物館
籌備處總召集人
執行長 池學文

中華民國一百零五年一月十日

高雄市若水書會顧問聘書

聘書

茲敦聘 吳露芳詩人
為高雄市若水書會顧問
聘期自民國一○三年六月
廿八日起至一○六年六月廿七
日止

此聘

高雄市若水書會
理事長 綦元武

中華民國一○三年六月廿八日

獎狀

2017 中華民國傳統詩學會優等獎
2012 年證書中華文化精英人物
2007 年中華國粹杯詩學博士
2017 年獅子會徵詩優等獎
2009 年世界漢詩藝術金獎
2007 北京詩學大師榮譽稱號
2006 北京第二屆漢詩盟友大賽一等獎
第二屆寰宇作家（_詩人）網杯 世界漢詩盟友大賽一等獎
中華詩星杯中國傑出詩人精英獎
全球華人詩文詩畫藝術大賽金榜獎（2）

獎狀

吳露芳詞長參加本會舉辦106年度詩人節徵詩比賽活動，詩題【鯤島詩聲】詩作經天地人詞宗評定結果成績優異名列前茅，特頒此狀予以表揚。

妙手探驪

中華民國傳統詩學會
理事長李丁红

中華民國 106 年 10 月 7 日

荣誉证书
HONORARY CREDENTIAL

吴露芳 先生：

在第二届"精英杯"全球华人诗文书画艺术大赛中荣获"金奖"，授予您 "中华文化精英人物" 荣誉称号。

特颁此证

荣誉证书

吴露芳 同志：

您在2006年度我中心举办的第二届"环宇作（诗人）网杯"世界汉诗盟友大赛活动中，您的作经大赛组委会严格审定，被评为 一等 奖。

特发此证，以示鼓励。

北京环宇图书编纂中心
北京东方伯丽诗书画研究所
二00六年六月三十日

荣誉证书

吴露芳 同志：

在首届"诗学之星杯"世界杰出华人诗词艺术大赛中，你的诗作经大赛评委会严格审定，荣获"诗学大师"荣誉称号。

特发此证，以示鼓励。

二00七年八月八日

荣誉证书

吴露芳先生：

荣获第二届"诗艺双馨杯"世界汉诗艺术大赛"金奖"授予"世界汉诗杰出贡献奖·金奖"荣誉称号。

荣誉证书

吴露芳 同志

荣获 第二届"诗学之星杯"世界杰出华人诗词艺术大赛 "诗学大师"荣誉称号

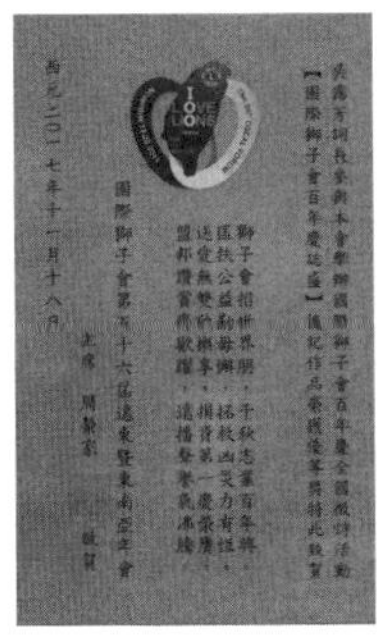

第二届"环宇作家（诗人）网杯"
《世界汉诗盟友大赛作品集》入选证书

第二届"环宇作家（诗人）网杯"
《世界汉诗盟友大赛》获奖证书

吴露芳 先生／女士：

您在 2006 年度我中心举办的第二届"环宇作家(诗人)网杯"世界汉诗盟友大赛活动中，您的作品经大赛组委会严格审定，被评为 一等 奖。

特发此证，以资纪念。

北京环宇图书编纂中心
北京东方伯丽诗书画研究所

後記

獻給父親——

時光荏苒，倏忽我們都來到中年，日子在工作與家庭中忙碌，堆疊的記憶在生命的底層中沉澱。整理父親的手稿，就像油畫的色塊逐步砌琢，終於明白與父親不只是血緣的連結，性格與思想的底蘊都來自於他。很小的時候，我們跟著祖母到東石鄉下，初次離家，白天跟表姐們玩得起勁，到了黃昏便開始想爸媽，隔沒幾分鐘便要跑到屋外，聽聽是否有爸爸的摩托車聲音到來……幾天後便接到父親寄來一張漫畫風格，騎著摩托車的自畫像，姑姑幫我們貼在牆上，真的，我們就不哭了；這是我們對父親繪畫的第一個印象。

很難想像每天面對冰冷會計數字的父親，骨子裏藏著藝術家的浪漫與細膩。在那個胼手胝足的五零年代，旅遊是奢侈，看畫展也是一般人不會去的，但平時為生活辛勞打拼的父親，總是會利用假日，帶我們到郊外走走，西子灣落日，壽山幽靜步道……，父親用一張張黑白照片記錄了孩子的成長，愛在童稚的笑顏中靜靜流淌。

幼時，父親偶而會作畫，對象大多是孩子，母親，身邊的風景，總在他作畫時，才能看到那屬於藝術家的不羈，那對於線條掌控的自信與獨特，在另一個平行的時空，他跳脫了生活的壓力，他是王。畫展中，他總是仔細的觀察畫家的筆觸，解析構圖，有一度，不想跟他去看畫展，因為那樣的專注是需要時間的，我們不懂，所以不耐。一次颱風大淹水，他所有的畫作都泡爛，毀壞了，從此未曾再看他作畫。生命中一部分的熱情被封印了。退休後，父親走進古典詩的世界，古典詩，字雖少，但情豐意遠，藉著它，我們看到了父親生命的足跡，思想的脈絡。

回想父親常言：心中的意象要有畫面！輾轉借由文字的演繹才能透出真情來。如果單單執意於文字表面功夫上的堆砌或專取過於華麗、艱澀難以咀嚼的詞性便會顯得生硬無法暢快淋漓。誠如我們所稱頌的詩佛王維強調「詩中有畫，畫中有詩」，這句美學準則更契合了他早年所熱愛的繪畫與其後執筆堅守著對古典詩詞的創作，彼此之間相互交織融合的文采精髓。至於為何選擇以古典詩來耕作延續對藝術的這份情感，他說：「三言兩語即能將景物、思緒、時空沉澱在文字裡，好比攝影捕捉住剎那間的永恆、同時也鎖住時光中對記憶的味蕾。」不論亙古或現在，文字所傳遞的面容將永不褪色。

這也是為何文學藝術存在的價值與其對於人文的重要性，他承載著無數的思想並嬗遞著對人、事、物的生息教化，經由詩詞字裡行間的排列組合，豐富了我們無垠的想像，每當我們吟誦著古韻字詞裡頭簡化的抑揚頓挫、不覺口中如醍醐甘泉般湧現，總如杯香醇的茶能細細品嘗令人神往。

現在我們為父親多年的心血集結成書，期待與您共享古典詩詞在傳統與現代交織下，仍可創造出那無限的美學能量。並獻給我們親愛的父親，在人生的旅程感謝有您的付出與教養，讓我們在繪畫的領域裡，多些敏銳；在文學的領域裡，多些感性，進而去觀察人生、品味生活。時日在不知不覺的加長，詩也在心中綿延串起回盪，像父親的畫與話一一記錄相遇在詩句中。

~~ 歲月，催老的，是皮相；但我們只想，留一點父親生命的熱情，在人間 ~~

子女們 敬上
2020.9.16

國家圖書館出版品預行編目資料

我們相約在詩的風華裡：東石漫士詩集／吳露芳 著
--初版-- 臺北市：博客思出版事業網：2022.7
ISBN：978-986-0762-15-0(平裝)

1.CST: 吳露芳 2.CST: 自傳 3.CST: 臺灣
783.3886　　110020317

當代詩大系23

我們相約在詩的風華裡——東石漫士詩集

作　　者：吳露芳
編　　輯：塗宇樵
美　　編：林佩樺、吳品瑢
封面設計：林佩樺、吳品瑢
出 版 者：博客思出版事業網
地　　址：台北市中正區重慶南路1段121號8樓之14
電　　話：(02)2331-1675或(02)2331-1691
傳　　真：(02)2382-6225
E—MAIL：books5w@gmail.com或books5w@yahoo.com.tw
網路書店：http://bookstv.com.tw/
https://www.pcstore.com.tw/yesbooks/
https://shopee.tw/books5w
博客來網路書店、博客思網路書店
三民書局、金石堂書店
經　　銷：聯合發行股份有限公司
電　　話：(02) 2917-8022　傳 真：(02) 2915-7212
劃撥戶名：蘭臺出版社　帳 號：18995335
香港代理：香港聯合零售有限公司
電　　話：(852)2150-2100　傳 真：(852)2356-0735
出版日期：2022年7月 初版
定　　價：新臺幣320元整（平裝）
ISBN：978-986-0762-15-0

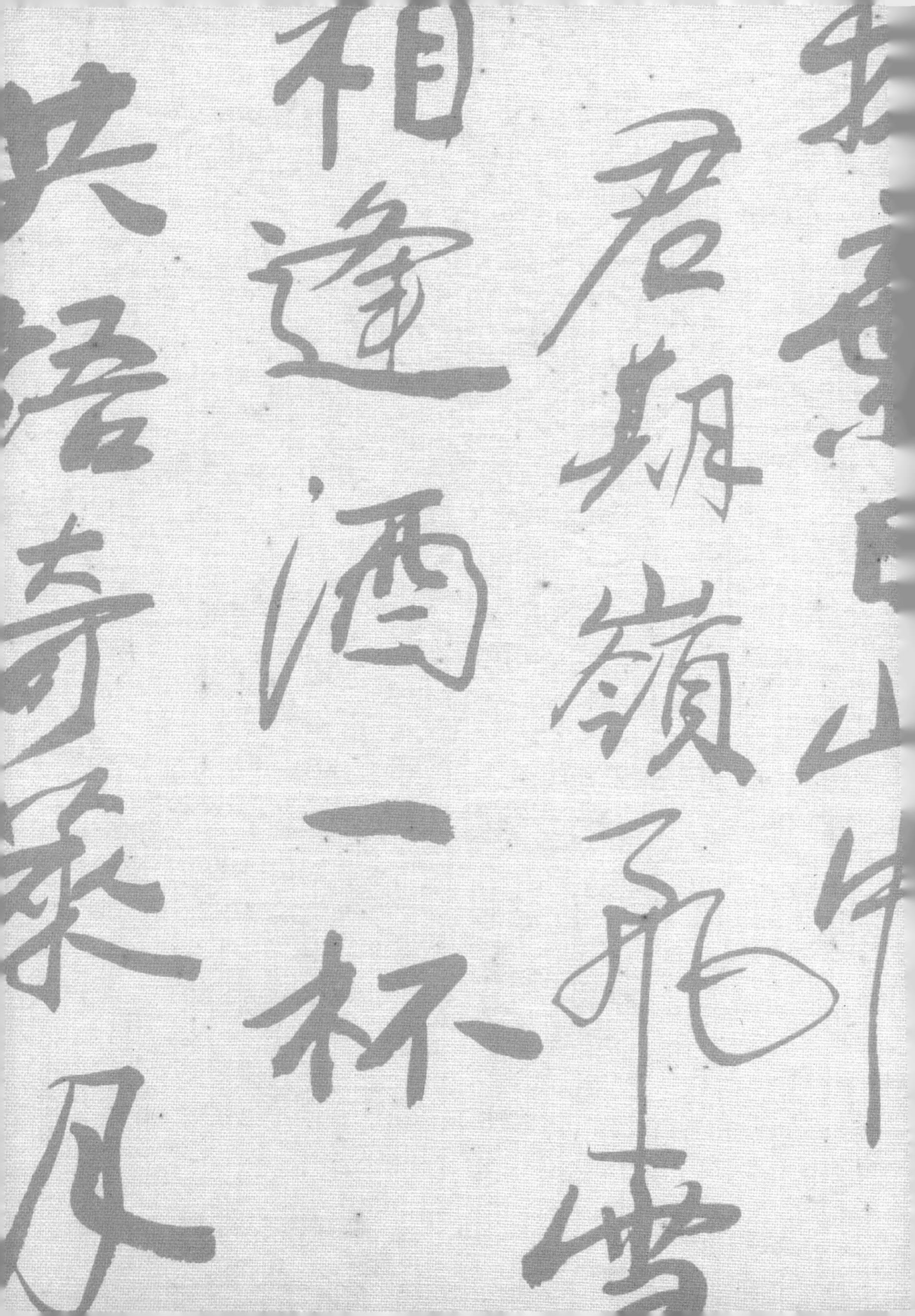

相逢酒一杯